にっぽんの四季食

季節の豊かさを味わうレシピ

沙和花

偉大な自然がもたらす実り。
季節により変わる体調に寄り添う滋味。
時季のものを丁寧に調理し、美しくよそい、大切に
いただくから、より美味しくなる。
季節の鼓動を感じながら暮らすことは、心と身体の
豊かさに繋がっていきます。
季節の風情をのせたお料理を、楽しんでいただけま
したら幸いでございます。

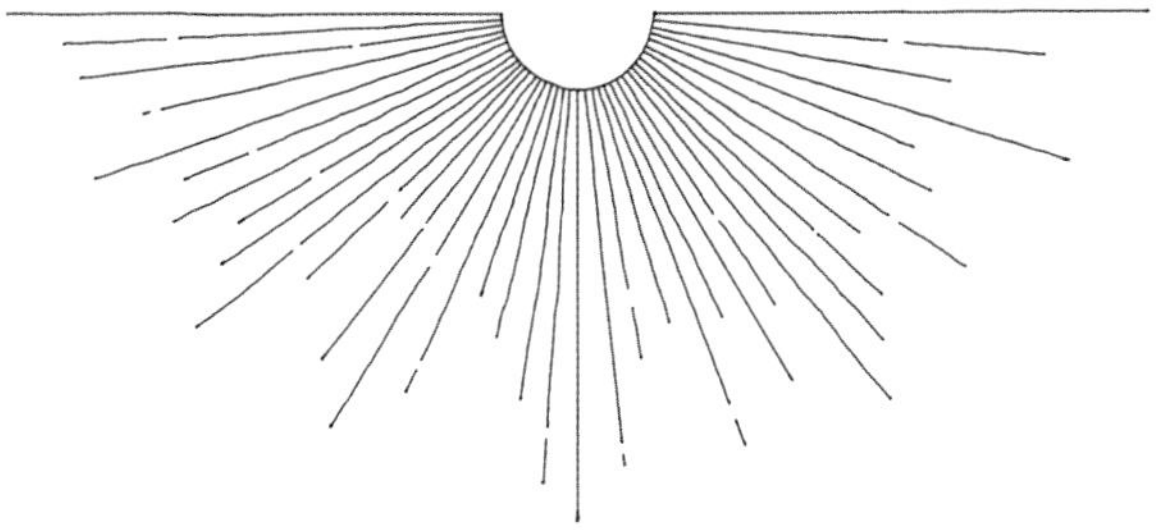

もくじ

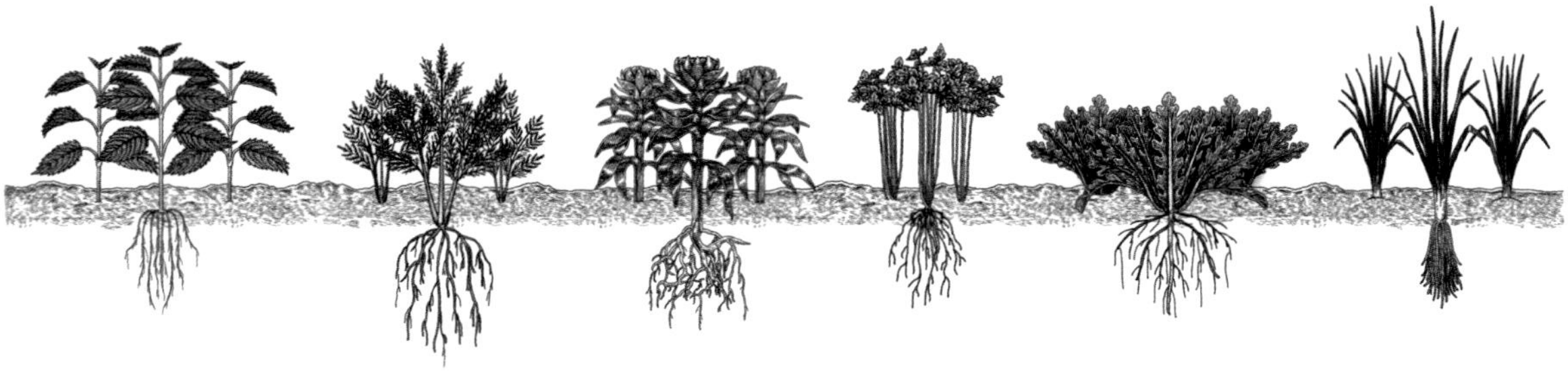

秋

もくじ

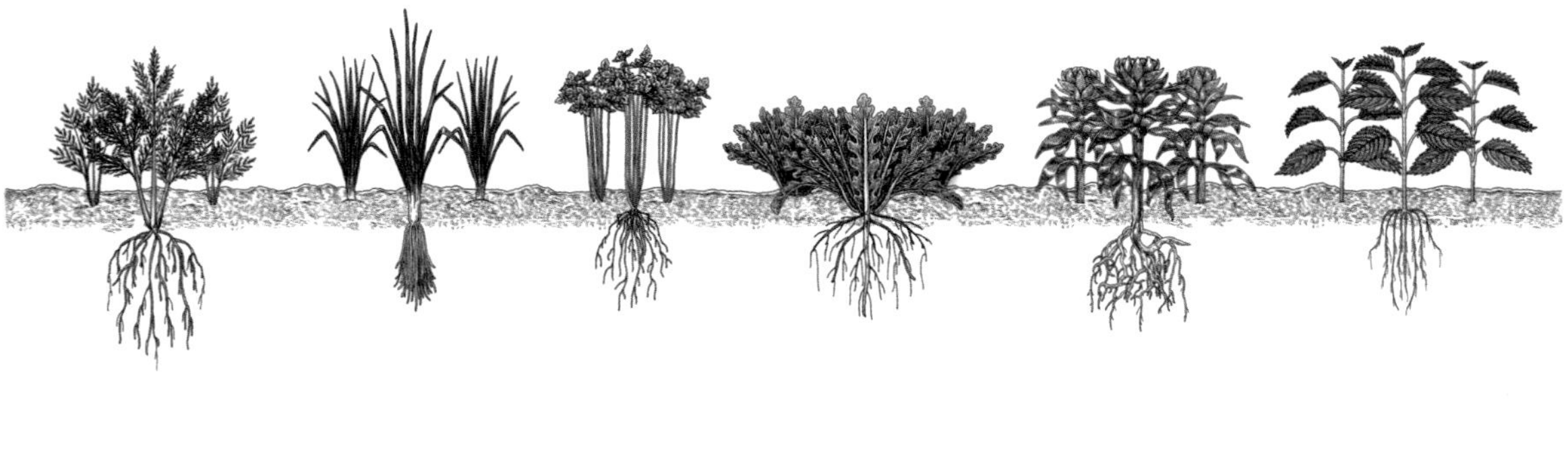

本書の表記について

計量の単位

1カップは200mℓ、1ℓは5カップ。大さじは15mℓ、小さじは5mℓ。

材量表記

2人分、4人分は出来上がりのおおよその分量です。

一番だし

水…5カップ　かつお節…30g　昆布…10g　鍋に水と昆布を入れ冷蔵庫で一晩おく。鍋に火をかけ、60度くらいになったら昆布を取り出す。鍋底に細かい泡がポツポツ立ち始めた時がその目安。そのまま加熱し、80度に上がった所でかつお節を加えて火を切る。15分ほどおき、ザルで漉す。

二番だし

一番だしを漉したかつお節と昆布に、一番だしの1/2量の水を加えて、沸騰後5分加熱してから漉す。

昆布水

昆布…10g　水…5カップ　清潔な容器に昆布と水を入れ、冷蔵庫で3時間以上おく。調理の際、60度以上に加熱すると昆布特有の臭みが出やすいので、昆布を取り除くなど配慮する。

白だしポン酢

みりん…大さじ2　水…1/2カップ　米酢…大さじ3　白だし…大さじ2　塩…小さじ1/2　みりんと水を鍋に入れ、20秒沸々とさせてアルコールを飛ばし、火を切る。酢、白だし、塩を加えて溶かす。

打ち粉

麺やパンなどをつくる時、手や調理器具にひっつかないように使います。ほかに、揚げ物の衣をはがれにくくしたり、素材をつけるノリの様に使うことも「打ち粉をする」といいます。用途に応じた粉を薄くつけます。

濃口しょうゆ

一般的なしょうゆ。香りも旨みも強いのが特徴で、臭み消しにも使えます。私は小豆島の「正金天然醸造しょうゆ」の濃口と淡口を使用しています。

淡口しょうゆ

関西方面でよく使われる。濃口しょうゆより色は七割薄く、塩分は一割高めですが、素材の味を生かした優しい仕上がりになります。

白だししょうゆ

だしに白しょうゆ、糖などを合わせた白しょうゆの加工品。安価なものほど添加物が多い傾向にあるので、商品表示をよく確認して購入した方がよいでしょう。本書ではかつお節、干ししいたけ、水飴などと有機しょうゆを使った七福醸造の「特選料亭白だし」を使用しています。茹でた野菜などの下味つけなどにほんの少し使うと、味の奥行が出てひと味違ってきます。

みりん

本みりんを指します。本みりんは、独特の甘味やコクがあり、料理に使うと味に奥行が出るほか、「照り」や「艶」が出ます。商品によりそれぞれアルコール度数が違いますので、注意が必要です。透明感の甘味が欲しい時は「八海山の糀の蜜」、普段の甘味用に「マンジョウ本みりん」「九重本みりん」、煮魚などの時はコクのある「三河みりん」を使っています。「みりん風調味料」は、みりんの代用品。

酒

料理酒には塩分が含まれていますので、清酒を使います。私は手頃な「鬼ころし」を使用しています。

塩

素材の旨みや甘味を引き立ててくれるフランスの「ゲランド塩」を使用しています。日本の塩では、「能登の浜塩」「海人の藻塩」もお勧めです。

油

菜種、べに花、ごま、えごま、亜麻仁、オリーブなどを圧搾したものがお勧めです。材料にこだわったサラダ油も良いでしょう。私は、揚げ油には熱に強い「ごま油」「オリーブオイル」「べに花油」を、サラダなどにそのまま使う場合には「亜麻仁油」、「エキストラバージンオリーブオイル」「太白ごま油」など、使い分けています。

砂糖

身体に優しい「きび糖」や「てんさい糖」、用途に応じてクセの少ない「グラニュー糖」や、透明感のある「氷砂糖」、コクを出したい時には「ザラメ糖」や「黒糖」と、使い分けています。

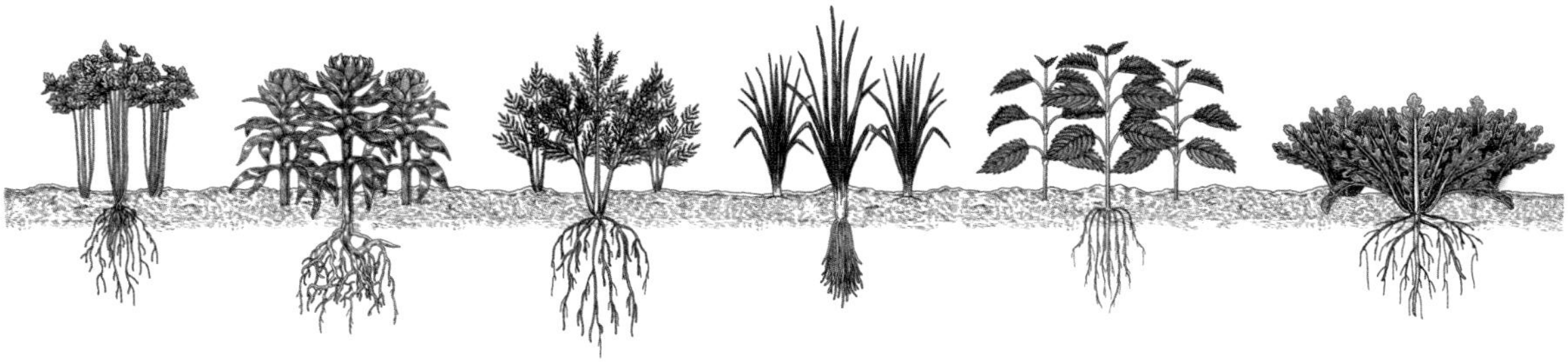

春

Spring

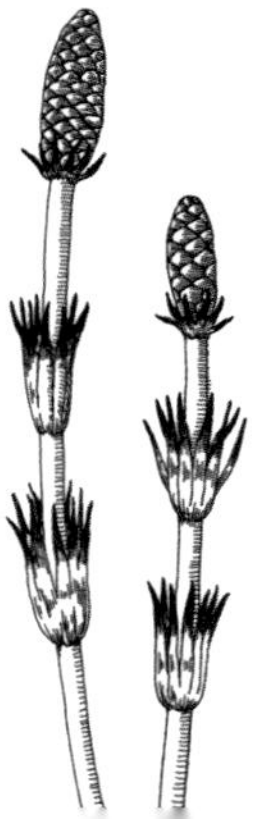

春《はる》立《た》ち
雪《ゆき》解《ど》け水《みず》温《ぬく》み、万物生《ばんぶつしょう》
鳥語花香《ちょうごかこう》
柳緑桃紅《りゅうりょくとうこう》
東風《こち》頬《ほお》撫《な》で、陽光《ようこう》ますます麗《うら》らかなり
花吹雪《はなふぶき》に蝶《ちょう》が舞《ま》う
春爛漫《はるらんまん》愛《め》でいたし

春らしい色

春になると、明るさとあたたかさを感じる色が、身近に溢れてきます。この時季に、身近にある自然の色を取り入れると、春らしいお料理になります。

色とりどりの散らし寿司は、上巳《じょうし》の御節句（お雛まつり）にもいただくご馳走のひとつです。見るだけで気持ちが明るくなる華やかなご馳走ですから、「おもてなし」や「おもたせ」にもお勧めです。

冷たい日には蒸して温寿司（ぬくずし）にして、いただくのも美味しいですよ。

さて、春の色名には花の名前が付くものがたくさん有ります。平安貴族たちが憧れた紅梅色、清らかな白梅色、桃花色や、すみれ色、菜の花色、薄墨桜色や桜色、花が身近にあるからこそ、親しんできたのでしょう。色名を見るだけでも、自国の文化を感じられます。

春の散らし寿司

4人分

米…2合
れんこん…150g
車えび…12尾
タラ…2切れ
卵…3個
にんじん…1/4本
さやえんどう…10さや
菜の花…1束
トビコ…適量

A
酒…大さじ3
みりん…大さじ2
天然塩…ひとつまみ

B
卵…3個
片栗粉…小さじ1/2
牛乳・みりん…各大さじ1
サラダ油…適量

C
酒…2カップ
みりん…1カップ
砂糖…大さじ4
淡口しょうゆ…大さじ2

D
水・酢…各1/2カップ
砂糖…大さじ5
塩…小さじ1

酢水（水2カップに酢小さじ2）

E
米酢…大さじ4
砂糖…大さじ5
塩…小さじ2

1 おぼろを作る。タラの切り身は酒大さじ1（分量外）を振りかけてラップをし、レンジ600wで3分加熱する。骨を取りザルに入れ、手で細かくほぐしながら流水で洗い、水気を絞る。鍋に**A**とほぐしたタラを入れ、箸で混ぜながら弱火でフワフワになるまで火入れする。

2 錦糸玉子を作る。**B**を混ぜ合わせ、数枚の薄焼きにし、粗熱が取れてからせん切りにする。

3 車えびの旨煮を作る。頭と殻はそのままに、殻の3節目に爪楊枝を入れて背ワタを取り除く。鍋に**C**を入れ加熱し、1/5量に煮詰めたらえびを入れ、弱火で1分半煮てそのまま冷まし、殻をむく。

4 花びらにんじんを作る。にんじんは5㎜幅の輪切りにし、柔らかく茹で、花びら型にくり抜く。

5 にんじんの茹で汁で菜の花をサッと茹でて水気を絞り、スジを取り除いたさやえんどうも茹で、斜め切りにする。

6 花蓮根を作る。鍋で**D**を沸騰させ冷ましておく。れんこんは皮をむき3㎜幅の輪切りにする。酢水に5分ほど浸してアクを取る。沸騰した湯で1分加熱し、水気を切る。包丁で形作り、**D**に漬ける。

7 寿司飯を作る。米を洗い、320㎖（分量外）の水を加えて炊く。ご飯を飯台に広げ、溶かした**E**を素早く混ぜ合わせる。

8 寿司飯を器に盛り、1と2を所々にのせ、3〜6、トビコを飾る様によそう。

しょうゆの力 【日本の伝統調味料】

発酵大国日本で伝統的に醸《かも》されてきた調味料のひとつに「しょうゆ」があります。

「しょうゆ」は麹（こうじ＝微生物）を発酵させ、更に時間をかけて熟成させてつくられます。麹菌は、糀とも表されるように、美しい花の姿をしています。

時間をかけて醸造されたものは、それだけで美味しく味が決まることが多く、冷奴やお刺身などにつけるだけで料理として成立します。シンプルと言われる日本料理は、優秀な調味料のお陰とも言われています。

葉玉ねぎのスープに「しょうゆ」を少し加えれば、甘さと柔らかさが引き立つ優しい滋味になります。

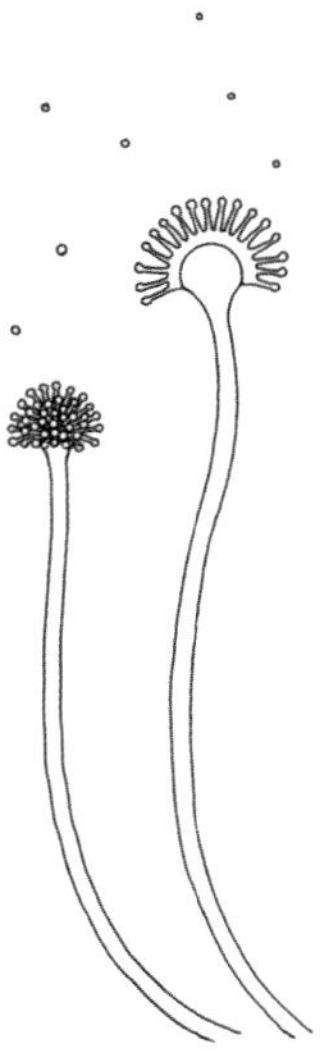

a

葉玉ねぎのスープ

4人分

葉玉ねぎ…4個

A
昆布…10g
水…5カップ

B
玉ねぎの煮汁…2 1/2カップ
淡口しょうゆ・みりん…各大さじ2

水溶き片栗粉…大さじ2

1 昆布だしを作る。鍋にAを入れ冷蔵庫でひと晩おき、火にかけ鍋底に細かい泡がポツポツ立ち始めたら（約60度）昆布を引き上げる。

2 葉玉ねぎの表皮の汚い部分は取り除き、葉部分は小口切りにし、底辺芯の辺りに十字の切込みを入れる（写真a）。

3 鍋に2を入れ1を玉ねぎの頭がかくれるまで入れる、弱火から中火で、柔らかくなるまで煮たら、玉ねぎを別皿に移しておく。

4 3を沸騰させ、水溶き片栗粉を少しづつ混ぜながら加えてトロミをつける。玉ねぎを戻し、ひと煮立ちさせる。

＊昆布だしとしょうゆの旨味が、玉ねぎの甘さを引き立たせます。シンプルな優しい味が魅力のスープ、物足りなく感じた場合は、塩やこしょうで調整してください。

美しい名前

「おから」は豆腐を作る際に出る副産物ですが、「卯の花」「雪花菜（きらず）」という美しい別名が付けられています。

ほかにも、「馬肉＝桜」「猪肉＝牡丹（ぼたん）」「鶏肉＝柏（かしわ）」「鹿肉＝紅葉（もみじ）」「卵白を泡立てたもの＝淡雪」「牡丹の咲く頃に食べる餅＝牡丹餅（ぼたもち）」「萩の咲く頃に食べる餅＝おはぎ」など、美しい名前から、先人たちの食を愛する想いが伝わってきます。

丁寧に調理すれば美味しい栄養のある惣菜になる「卯の花」。この花は四月から五月にかけて花開きます。

卯の花

4人分

生おから…100g
鶏ひき肉…100g
干ししいたけ…3枚
干ししいたけ戻し汁…1 1/2カップ
さやえんどう…6本
太白ごま油…大さじ1
にんじん…1/2本
A 淡口しょうゆ…大さじ2
　砂糖…小さじ2

1 干ししいたけは、320mℓの水（分量外）で戻しておく。
2 戻した干ししいたけ、にんじんは、せん切りにする。
3 太白ごま油を引いた鍋に、水気を絞った生おからを入れ、甘い香りが立ちパラパラになるまで炒めたら別皿に取る。
4 3の鍋に1の戻し汁と2、ひき肉を入れてから火をつける。菜箸で混ぜながら加熱する。沸騰してきたら3とAを加え、水気がしっとりする程度まで加熱する。サッと茹でたさやえんどうを加え、器によそう。

＊淡口しょうゆが、鶏から出るだしをスッキリと引き立ててくれます。

温《ぬく》いもの

春になったとはいえまだまだ冷たい時季。あたたかいものをいただくと、身体に染みわたるような、何とも言えない快感に満たされます。

この快感がきっと、延命にも繋がるのでしょうね。

いささか大げさな表現になってしまいましたが、卵白を加えてふっくらとさせた熱々のかぶら蒸しや、だしの効いたはまぐり汁は、心もあたたまるご馳走です。

かぶら蒸し

4人分

かぶのすりおろし…250g（水気を切った分量）
ささ身…2本
しいたけ…4枚
ひらたけ（しめじ・まいたけなど）…1パック（100g）
塩糀…小さじ½
三つ葉…¼束

A
溶きほぐした卵白…1個分
天然塩…ひとつまみ
片栗粉…大さじ1

B
だし…1カップ（7ページだしの引き方参照）
白だししょうゆ…大さじ1
天然塩…ひとつまみ

水溶き片栗粉…大さじ2

①かぶは皮をむき、すりおろして水気を軽く絞り、**A**と合わせてなじませる。
②しいたけは、せん切りにし、ひらたけはひと口サイズにほぐす。
③ささ身に塩糀をなじませ、ひと口サイズにそぎ切りする。
④器に②と③を盛り、上に①をのせ、蒸気の上がった蒸し器で10分ほど蒸す。
⑤鍋に**B**を入れ、沸騰したら水溶き片栗粉を加えてトロミをつけ、細かく切った三つ葉を加え、④にかける。

＊好みで柚子こしょうを添えても。

はまぐり汁

4人分

はまぐり…約300g
塩…ひとつまみ
昆布水…2½カップ（7ページ昆布水参照）
大根…20g
にんじん…¼本（15g）
ブロッコリースプラウト…適量

①ボウルにはまぐりを入れ、3％の塩水（分量外）をヒタヒタに加えて砂抜き（理想は6時間程度）し、貝殻をこすり合わせてしっかりと洗う。
②大根とにんじんは細めのせん切りにし、サッと茹でて水を切っておく。
③鍋に昆布水と①を入れて弱火にかける。殻が開いたら塩で味をととのえる。器によそい、②とブロッコリースプラウトを添える。

＊はまぐりを水から火入れすることで、だしが強く出ます。味が足りない場合は、白だししょうゆ（分量外）を少々加える。
＊貝が大きいと見映えは立派ですが、大味になることが多いです。

霞《かすみ》と朧《おぼろ》

春は霧《きり》や靄《もや》などにより薄雲がかかったように、遠くがぼんやりすることがあります。その情景を「霞《かすみ》」、夜には「朧《おぼろ》」と呼びます。

仲春の頃の楽しみに花見があります。満開の桜は、暗い中でも美しい気配があり、誘われるように近づいてみますと、その美しさは暗い中であっても溜息が出るほどです。桜木の下から花を眺めますと、花の間からぼんやりと霞んだ「朧月」を見つけました。夢心地とはこんな感じなのでしょうか。

「朧月」を美しく感じるのは、はっきりとしない儚いものを愛おしく感じること。はっきりとしない人に寛容であったり、曖昧にすることで相手を傷つけないなど、「曖昧な感覚」を日本人は大切にしているのかもしれません。多くの日本人にとって「霞」や「朧」は、琴線に触れる春の情景でしょう。身近にある自然は、私たちの美意識に繋がりますね。

この「おぼろ」、お料理や和菓子の名前にも用いられ「おぼろ昆布」「おぼろ汁」「おぼろ豆腐」「おぼろご飯」「おぼろ饅頭」「おぼろ落雁」などがあります。「かすみ」と云えば、「かすみ梅」「かすみ桜」など、こちらも和菓子やお弁当の名前などにも用いられます。「霞」「朧」が、多くの人に愛されてきたことが伺えます。

ちなみに「霧」（視界が1km未満）は秋の季語。立秋過ぎ、まだ残暑は厳しいものの早朝は空気が冷え、山間部や水辺では、辺り一面が白い霧に包まれ、幻想的な情景になります。その様子を「霧がかかる」と表現します。

「靄・もや」（視界は1km以上）は冬の季語。晴れた冬の日、地表から熱が放射され地面が冷え、地面に近く水蒸気を多く含んだ空気を冷やすことで発生する情景を「朝もやが立ち込める」などと表します。

青と緑

日本人は信号の緑色を青と呼び、樹々の新緑の葉も青葉と呼びます。古来より「青」が表す色の認識の範囲は、「緑」も含む広いものでした。また「青」は昔から、「若さ」を表す言葉でもありました。

初春、まだまだ寒い頃から出始める春野菜は、蕾も、茎も、葉の縮み具合もギュッとした柔らかい弾力と甘さがあり、舌にも新しく、青々とした色も嬉しい春の味。グリーングリーン♫なサラダですが、あえて「あおあおサラダ」と呼びたくなります。

あおあおサラダ

4人分

菜の花…12本くらい
ブロッコリー…1/2株
スナップエンドウ…12さや
空豆…5さや
水菜…少々

A
オレンジ果汁…大さじ4
レモン汁・酢…各小さじ1
サラダ油…大さじ5
淡口しょうゆ…小さじ1/4
砂糖…小さじ1
塩…小さじ1/2

1. 大きなボウルに水を張り、菜の花とブロッコリーを水に入れて5分おく。流水でよく洗い、ひと口サイズに切る。
2. スナップエンドウのスジを取りのぞく。
3. 空豆はさやから外し、薄皮の黒い部分に包丁を浅く入れる。
4. 野菜それぞれを沸騰した湯の中に入れ、サッと歯応えの残る硬さに茹でる。
5. 茹でた野菜を氷水に浸し色止めをし、水気を切っておく。この時、菜の花とブロッコリーは手で絞り、空豆は薄皮をむく。
6. 水菜は4〜5㎝に切る。
7. Aを混ぜ合わせ、ドレッシングを作る（写真a）。食べる直前に水気を切った野菜とさっくり和えてから盛り付ける。

＊ドレッシングに入れる果汁は、柑橘系であればどのような種類でも大丈夫。甘味や酸味や好みを考慮して、酢や砂糖の分量を調節してください。今回は甘味の強い清見オレンジを使用。「ドレッシングボトル」を用いると、材量を入れて振るだけで簡単にできるので便利。冷蔵庫で2日ほど保存が可能。

a

春のにほひ

幼少の頃から毎日のように竹林を歩いています。春になり、たけのこが出始める頃、地面から独特の匂いが立ち上がってくるのを感じ、子ども心にも「そろそろ?」と楽しい気持ちになりました。

この時季、森には芽吹きの匂いが充ちあふれ、湿度による土壌の匂いや雨の匂いなど、様々な自然現象による匂いに、深呼吸したくなります。

「匂い」は嗅覚にかかわる語ですが、古語では「にほひ」と表し、視覚的な語「美しく艶やかに映える姿」や「魅惑的なフェロモン」などを意味したようです。

弥栄《いやさか》ましませ。春の「にほひ」を感じて、元気になりたい。たけのこのほっこりとする匂いと歯ざわりも、味わいたい。色々と楽しい春です。

たけのこの磯辺揚げ

4人分

茹でたけのこ…1本
青のり…適量

1 たけのこは食べやすい大きさに切り、水気を拭く。
2 打ち粉を振り、天ぷら粉にくぐらせ180度の油で揚げる。
3 揚がったら器に取り、青のりと塩をまぶす。

桜えびのかき揚げ

4人分

干し桜えび…20g
玉ねぎ…$\frac{1}{2}$個
セリ…$\frac{1}{2}$束

1 玉ねぎは薄めのせん切りにし、セリは2cmに切る。
2 ボウルに1と干し桜えびを加え、打ち粉を振り、天ぷら粉にくぐらせ、180度の油で揚げる。

＊道具として「かき揚げリング」を使うと比較的簡単にできる。本書では直径6cmのものを使用。道具が無い場合は、材料を油の中で広げ、少し固まりかけたら箸でよせて形にするとふんわり仕上がる。

春ごぼうの白身魚巻き

4人分

白身魚（ヒラメ・鯛など 刺身用）…半身
ごぼう…1本
しょうが…10g

1 白身魚は大きめの薄造りにする。
2 ごぼうは布巾を使い綺麗に洗い、4cm幅に切る。
3 2を5分ほど茹でてザルにあげ、細めのせん切りにする。
4 しょうがは、太めのせん切りにして3と合わせ1で巻く。
5 打ち粉を振り、天ぷら衣にくぐらせ、180度の油で揚げる。

＊ごぼうの下茹で具合と、揚げ具合は、歯ざわりに影響します。サクッと噛み切れる様に仕上げるには、しっかりと揚げること。

すべての天ぷらに共通

打ち粉
　小麦粉…適量
天ぷら衣
　小麦粉…大さじ3
　片栗粉…大さじ1
　冷炭酸水…$\frac{1}{2}$カップ
　＊冷やしておくことがポイント
揚げ油…適量
柚子塩
　天然塩・柚子果汁…各適量
　＊天ぷらに添える

春の養生

春は、寒暖の差による自律神経の病気にかかりやすい時季。昔の人は、熱めのお風呂に浸かって汗を出したり、煮炊きした消化の良い物を食べて、養生していたそうです。

身体があたたまると、気持ちも前向きになりますね。

優しい味わいの鶏だしのにゅうめんに仕上げたら、幼児から老人まで楽しめそうです。

鶏ガラスープ

4人分

鶏ガラ…1羽分（鶏手羽元8本でも可）
昆布水…6カップ（7ページ昆布水参照）
ねぎ…1/4本
にんにく・しょうが…各1片

1 鶏ガラは水で血や汚れを綺麗に洗い、熱湯（分量外）をまわし掛けて臭みを取り除き、再度汚れを取り除いてから、ぶつ切りにする。

2 圧力鍋に1、昆布水、ねぎ、にんにく、しょうが、を加えて加熱し、高圧になったら中火にして17分煮る。圧が下がったらザルでこす。

鶏だしにゅうめん

4人分

そうめん…4束
鶏ガラスープ…5カップ
サラダ水菜…1/2束
天然塩…小さじ1/4
煎り白ごま（半ずり）…大さじ4
柚子皮せん切り…適量

1 サラダ水菜は綺麗に洗い、長さ3㎝に切っておく。

2 鶏ガラスープを沸騰させ、塩少々で味をととのえる。

＊味が物足りない時は、鶏ガラスープの素を少し加える。

3 湯（分量外）を沸かし、そうめんを茹でる。冷水でヌメリをよく洗い締め、水気を切り2に入れて再度温める。

4 器にそうめんを盛り鶏ガラスープを注いで、上に水菜と鶏ガラスープで使った鶏肉（塩少々で馴染ませる）、煎り白ごま、柚子皮を添える。

初午《はつうま》

稲荷神《いなりのかみ》は、元々は稲を象徴する農耕の神様ですが、現在では商工業を含めた産業全体の神様として、親しまれています。

二月最初の午の日。お稲荷さんの祭日「初午」に、いなり寿司をお供えしていただく風習があります。

「今年も一年無病息災、豊かでありますように」

お揚げの含め煮

おいなり20個分

油揚げ…10枚

A
- だし…3カップ（7ページだしの引き方参照）
- ザラメ糖・みりん…各大さじ4

濃口しょうゆ…1/3カップ

1. 油揚げは、長方形に半分に切り、寿司飯を入れやすい様に中央に手を入れ、袋状にする。
2. 鍋に湯を沸かし、油揚げを入れ落とし蓋をし、強火で12分ほど煮る。
3. 落とし蓋で押さえながら湯を切る。
4. 油揚げを整え、Aを加え10分ほど中火で煮る。
5. しょうゆを加え、弱火で30分ほど煮汁が少なくなる程度まで煮る。バットに広げて冷ましてから絞る。

＊油揚げは「寿司揚げ」と呼ばれる柔らかく軽いものが適当。
＊砂糖でもできますが、ザラメ糖を使うと味にコクが出て美味しいです。
＊おいなりさんにする際、煮汁を絞ります。何度か経験することで丁度良いあんばいがわかります。私はそこそこ絞ったものが好みです。

おいなりさん

20個約4人分

米…2合

A
- 米酢…大さじ4
- てんさい糖…大さじ2
- 塩…小さじ1

お揚げの含め煮…20個分

白いりごま…大さじ4

トッピングA：桜塩漬け（洗い水気を切る）

トッピングB：梅肉ときざみ大葉

トッピングC：がり（細切れ）とレモン（小切り）

1. 米は一割ほど水を控えめにして炊く。
2. A（寿司酢）をひと煮立ちさせて溶かしておく。
3. 米が炊き上がったら飯台に広げ、しゃもじで2を米一粒一粒にまとわせるイメージで馴染ませ、白いりごまを振り混ぜる。

＊米を混ぜ過ぎると粘着性が出て美味しさを損ないます。飯台を使うと余分な水分を吸ってくれます。

4. お揚げの含め煮は煮汁を絞り、袋状に広げ寿司飯をふんわりと詰める。
5. 半量はそのまま油揚げの袋を閉じ、残り半量はトッピングA〜Cをのせる。

染付器

染付の魅力は何といっても、人の手で描かれ、一つとして同じ器が存在しない稀少性と、温かみと柔らかさがあることでしょう。身近にある花鳥風月や動物、吉祥文様などが白地に藍色（呉須）で描かれ、万人を魅了してきました。夏には、つるんとした清涼感、冬には凛とした清らかさが感じられるなど、四季を通して普段使いから華やかな席にまで、万能に使われます。

この白地の磁器は、カリオンという石の粉から作られています。石の配合や焼成温度など、先人が試行錯誤を繰り返し大変な思いをしてようやく形になりました。その上に、伝統的文様や、身近にある自然などが、鍛錬された技術で描かれ、美しい器が作られます。壮大な歴史と、作り手の想いを受け取って使うならば、より価値のあるものになるでしょう。

器は必ず、手に持って馴染具合を確認してから、購入することをお勧めします。美しく馴染の良い器は、使うたびに感動をもたらします。お値段の高低ではなく、自分に合った佳きものを身近に置いて、大切に使えたら幸せですよね。

器の説明

1 青海波（未来永劫平穏を願う）、渦巻（身を守るお守り）など吉祥文様や花が描かれた器。コーヒーカップのソーサーですが、凹凸が控えめなので色々に使いやすい器。絵柄もさることながら、磁器の薄さ、軽さ、滑るような艶感も心地よい（山本長左）

2 魚のような、宝袋のような面白い形。藍色が効いて、小さいながらも力強い。

3 豆皿並の大きさながら蓋付の可愛らしい器に動きのある唐子（作者不明）

4 繊細な筆使いで描かれた唐子（川上真子）

5 菊花そのものの形をした小鉢は日本ならでは（山本長左）

6 高さもあり使いやすい四角形、アジアならではの竹を用いた美しいデザイン（中荒江道子）

7 花と吉祥文様が空間を生かした粋な構成（山本長左）

8 花鳥風月と吉祥文様を合わせたデザイン（山本長左）

9 穏やかさと繁栄の象徴の鳳凰が描かれている（山本長左）

1
2
3
4
5
6
7
8
9

春雨《はるさめ》

春になるとあたたかい雨が降るようになります。そのしっとりと降る雨には、様々な呼び名があります。

春に降るにわか雨を「春時雨（はるしぐれ）」。桜が咲く頃に降る雨を「桜雨（さくらあめ）」。いつまでも降り続く静かな春の雨を「春雨（はるさめ）」と呼びます。

食材の「春雨」と同じ発音と漢字を使いますが、細く透き通ったおいしい春雨は、春の雨を彷彿とさせるので「春雨」と命名されたのだとか。

カロリー控えめ、鍋やスープに入れて、簡単に調理できる春雨は、我が家でも常備している食材のひとつです。

豚・たけのこ・ねぎの春雨炒め

4人分

緑豆春雨…100g
豚ロース肉…200g
茹でたけのこ小…1本（約200g）
万能ねぎ…1束
しょうが（みじん切り）…10g
にんにく（みじん切り）…5g
A 昆布水…1カップ（7ページ昆布水参照）
　酒・みりん・オイスターソース…各大さじ2
淡口しょうゆ…大さじ1
太白ごま油…大さじ1

1 緑豆春雨は10分ほど水に浸けて戻す。
2 豚ロース肉は1cmのせん切りに、たけのこは薄めのせん切りにする。
3 万能ねぎは長さ4cmに切る。
4 フライパンにごま油を引き、しょうがとにんにくを炒めて香りを立て、たけのこを炒める。全体に油がまわったら、豚肉を加え更に炒めて火を通す。
5 Aと春雨、ねぎを加え、水気が無くなるまで煮詰める。

*緑豆春雨は細めの9cmにカットされたものがお勧めです。

美味しくする工夫

昆布で素材を包み、時間を置くことで、余分な水分を取り除く「昆布締め」。素材の旨みを凝縮させ、昆布の風味も加わる美味しくなる技法です。魚肉、野菜など素材の大きさや種類により、包む時間を変えて締めていきます。

しょうゆの代わりになる「煎《い》り酒」は、塩分は控えめ、上品な味で素材の風味を活かしてくれます。

煎《い》り酒

4人分

日本酒…1カップ
昆布…5cm角
梅干し…1〜2粒
かつお節…1g

1 酒に昆布を入れて一晩おき、昆布は取り除く。
2 鍋に1と梅干を入れ半量になる程度に炊き、仕上げにかつお節を入れ、そのまま冷まして漉す。

a

b

鯛の昆布締め焙じ茶漬け

4人分

鯛(刺身用)…半身分
昆布締め用昆布(平たい昆布)…適量
ご飯…適量
山椒の葉、ほうじ茶…各適量
煎り酒…少々(無ければ、淡口しょうゆで)
岩塩…少々

1 酢に浸して濡れたキッチンペーパーで昆布の表面を拭く。
2 鯛をそぎ切りにして1に並べ(写真a)、昆布ごとくるくると巻き、輪ゴムで留める(写真b)。ラップで包んで冷蔵庫で3時間ほどおく。
＊ひと晩おく時は、柵のまま昆布でしめる。
3 鯛を昆布から外し、煎り酒少々に馴染ませる。
4 ご飯の上に3をのせ、岩塩をふり、山椒の葉をあしらい焙じ茶をまわし掛ける。好みでワサビを添えて。

食後の甘味

食後には、さわやかな甘さと水気のある、季節の果物や野菜を使い、スルッと入る後味のよい甘味を心掛けています。

桜餅やいちご餅は、おやつにも良いボリューム感がありますが、食後にお出ししても、皆さんにあっさりと召し上がっていただける、軽やかな甘味です。

道明寺《どうみょうじ》の桜餅といちご餅

4人分

あんこ…250g

A
- 道明寺粉…200g
- グラニュー糖…大さじ2
- 熱湯…220㎖

桜塩漬け…5輪

桜葉塩漬け…5枚

いちご…5粒

1. ボウルにAを入れて混ぜ、軽くラップをして10分蒸らす。レンジ600wで1分半加熱して混ぜ合わせ、10等分にする。
2. あんこは、桜餅用は100g、いちご餅用は150gを各5等分して丸めておく。
3. 桜の塩漬けと、桜葉の塩漬けは、軽く洗う。
4. 桜餅を作る。1を丸く広げた中央にあんこを置いて包み、桜葉にのせ、桜花をあしらう。

*桜葉と桜花は、塩気を洗い流し、水気を拭いておく。

5. いちご餅を作る。いちごはヘタを取り、水で優しく洗い、水気を切っておく。あんこを広げていちごを包む。1を丸く広げていちごが潰れないよう優しく包む。

あんこ（作りやすい分量）

小豆…200g

水…5カップ

砂糖…80g

天然塩…ひとつまみ

1. 小豆はひと晩水に浸ける。浸け水を捨て、新しい水に替えて茹でこぼす。分量の水で弱火でコトコトとアクを取りながら、柔らかくなるまで40分ほど煮る。
2. 途中で砂糖を3回に分けて加え、木べらで粒を崩しながら混ぜて水分を飛ばす。

春の小皿

春になると柔らかく彩りの良い食材が多くなります。甘味のある春キャベツや、フルーティーなウド、芽吹き始めた香菜はより香り高く、可愛らしい色形のいちご、サーモンの春らしい色。目にも嬉しい春の食材たちを、かんたんに楽しめる小皿をご紹介します。

じゃがいもと春キャベツのサラダ

じゃがいも…3個
春キャベツ…3枚
オリーブオイル…大さじ2
パセリ・天然塩…各少々

1 じゃがいもの皮をむき、ひと口大に切り、鍋にたっぷりの水を加えて茹でる。柔らかくなったら、手でちぎったキャベツを加えて2分加熱する。

2 水気を切り、ボウルに移してオリーブオイルと和える。みじん切りにしたパセリと塩少々を加える。

*野菜を茹でる時、水に対して1％の塩を加えると格段に美味しくなります。

うどの酢味噌和え

うど…1本
A
信州味噌…大さじ1
米酢…大さじ1
酒…大さじ1
砂糖…大さじ1
ねり辛子…小さじ1/2

1 うどは3cmに切り皮をむいて短冊に切る。酢水につけてアクを抜き、熱湯で1分茹でて水気を切る。

2 Aはソースパンでゆっくり加熱しながら溶かして、冷ましてからウドと和える。

春菊とおろし和え

春菊…1束
大根おろし・マヨネーズ・白だしポン酢…各適量
（7ページ白だしポン酢参照）

1 春菊は洗い、サッと茹でて氷水で冷まし、水気をしぼる。
2 大根をおろし、軽く水気を切り、マヨネーズを適量加えて混ぜる。洗っておいた春菊とザックリと混ぜて器によそい、白だしポン酢をかける。

ベリーのマリネとモッツァレッラ

冷凍ベリーミックス…1袋（200g）
モッツァレッラチーズ…100g
A
レモン汁…小さじ1
黒糖…大さじ2

1 ベリーミックスは冷凍のままボウルに入れ、Aと馴染ませる。
2 モッツァレッラチーズは手でちぎり、1と合わせて皿に盛る。

サーモンの春色カルパッチョ

サーモン…400g
A
塩…40g
砂糖…5g
B
ケッパー（みじん切り）…8粒
ディル…1枚
オリーブオイル…適量

1 サーモンは水気を拭き、混ぜ合わせたAを塗り、ラップに包んでひと晩寝かせる。
2 水で洗い、水を張った容器に1時間ほど浸け、水を変えながら塩抜きし、水気を拭く。
3 薄くそぎ切りして器に広げて盛り、Bをあしらう。

天からの遣い

鳥と遊んだことはありますか？　私は昔インコを飼っていたのですが、心を読んで人に寄り添うようなところがある、賢い鳥でした。素朴な心で鳥と親しむ幼少の頃、昔話の「舌切り雀」や「鶴の恩返し」を実話のように感じた経験はありませんか。

日本の神話や伝説には「八咫烏（やたがらす）」「朱雀（すざく）」「鳳凰（ほうおう）」などが神様の遣いとして登場します。そして神社には鳥居がありますが、鳥が鳥居に留まり、高い場所から人間たちのすることを見て、神様に報告するとかしないとか。古来より空を飛ぶ鳥は、天の神様と通じていると考えられていたようです。

鳥は季節を教えてくれる動物でもあります。春になると鶯（うぐいす）が「ホーホケキョッ春が来たよ～」と鳴き始めるので「春告鳥」。夏が近付くと杜鵑（ほととぎす）が「テッペンカケタカッそろそろ田植えの準備をする時ですよ～」と鳴き始めるので「時鳥（ほととぎす）」とも称して親しまれてきました。鳥には鳥の事情があるのでしょうが、人が鳥から教えられることも、数多くあります。

鳥にとっての春は恋の季節。身近にいる鳥たちが巣作りを始めて雛が生まれる…微笑ましい情景に気持ちが緩みます。

美しい春もそろそろ終わり。

「惜春（せきしゅん）」…春は惜しまれながら、ゆっくりと夏へ移行していきます。

春のフラワーアレンジメント（オンシジュームハニーエンジェル・パセリ・ププレリウム）

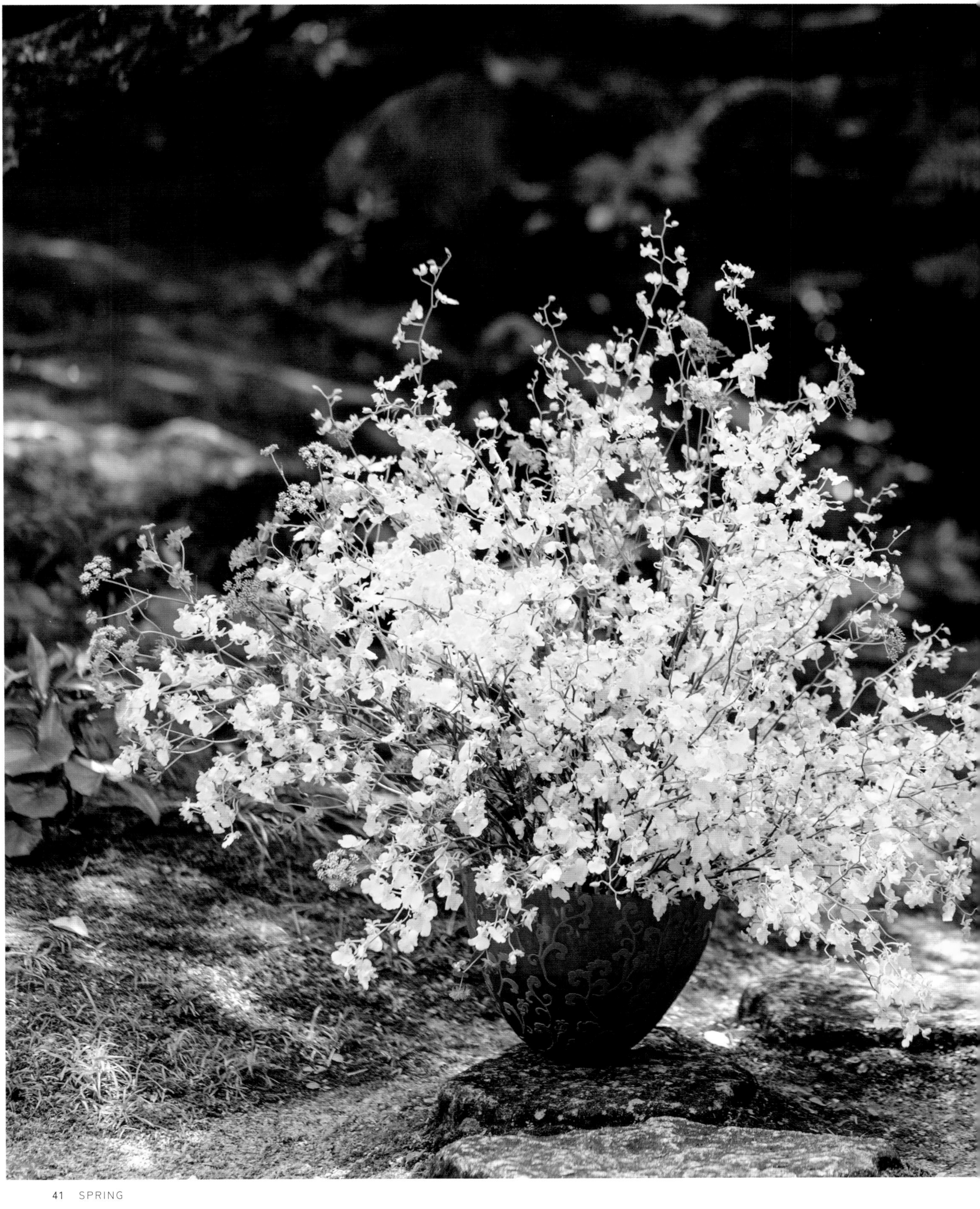

夏

Summer

夏《なつ》立《た》ち
青葉《あおば》香《かお》る木漏《こも》れ日《び》
翠雨《すいう》、緑雨《りょくう》、叙情《じょじょう》ゆるゆると過《す》ごすもよし
養分《ようぶん》湛《たた》えし水《みず》、大地《だいち》、川《かわ》、海《うみ》潤《うるお》し給《たも》う
青天井《あおてんじょう》、大暑《たいしょ》、乱雲《らんうん》、夕立《ゆうだち》、雷雨《らいう》…
表情《ひょうじょう》豊《ゆた》かに夏《なつ》過《す》ぎゆく

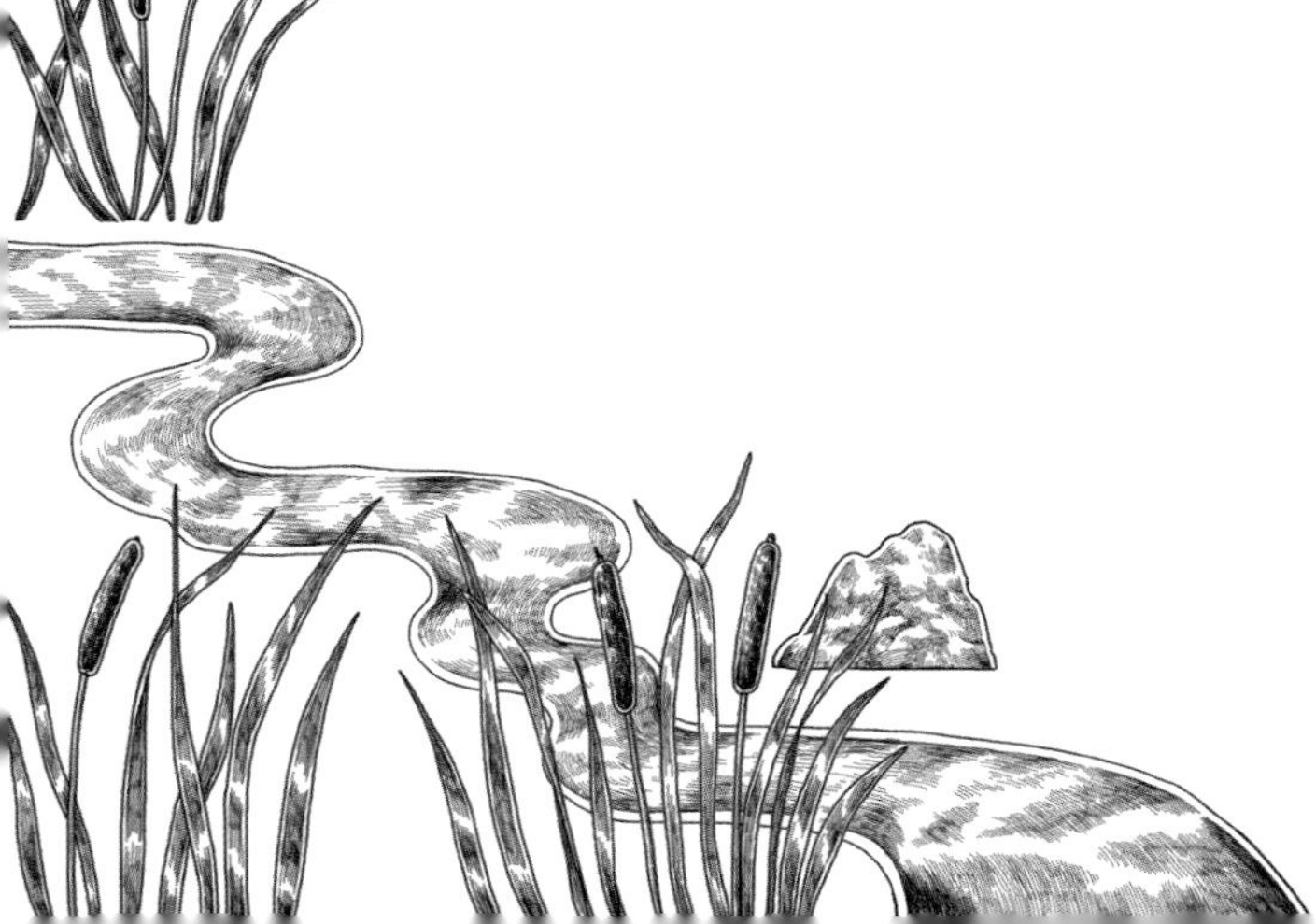

夏の恵み

夏の陽射しの下、お野菜は魔法のように、みるみる大きく彩り豊かに成長します。

瑞々しい野菜は本当に美味しく、水分補給にも良さそうです。夏野菜は身体にこもった熱を冷ましてくれるのだとか。

時季のものは、時季の体調を労わる栄養を備えている…まるで人間のためにあるような野菜たちですね。

夏の揚げびたし

4人分

オクラ…8本
インゲン…12本
カボチャ…1/4個（150g）
ナス…2本
パプリカ黄色…1個
ミニトマト…8個
かまぼこ…1本
揚げ油…適量
A
　昆布水…3カップ（7ページ昆布水参照）
　淡口しょうゆ・みりん…各80mℓ
かつお節…40g

1 Aを1分沸騰させてみりんのアルコール分を飛ばして火を止め、かつお節を加えてそのまま冷ます。15分くらいおき、かつお節を漉す。

＊取り出したかつお節は、味が付いているので、食べやすい大きさに切り、白ごまと軽く炒ってご飯のおともに。

2 オクラは、まな板の上で板ずりし、上部の固い部分を包丁で取り除く。ミニトマトはヘタを取り除く。ほかの野菜は食べやすい大きさに切る。かまぼこは薄切りにする。

3 180度の油で2を素揚げして油を切り、あたたかいうちに1に漬ける。冷蔵庫で2時間以上冷やす。

桃

桃は、弥生時代の遺跡から種がたくさん出土しており、古事記には桃の神様(意富加牟豆美命・オオカムヅミノミコト)、今昔物語では桃の木を使い鬼の侵入を防ぐ話、桃太郎伝説は皆様がご存じの通り、このように古来より親しまれてきた果実です。

中国では、邪気を払う呪力や不老長寿の力がある、縁起物とされています。

日本の桃は大きく、果汁たっぷりで甘く、世界一とも評されます。その分、作り手の苦労も並大抵ではないはず。夏の間に大切に味わい、桃の恩恵にあやかりたいものです。

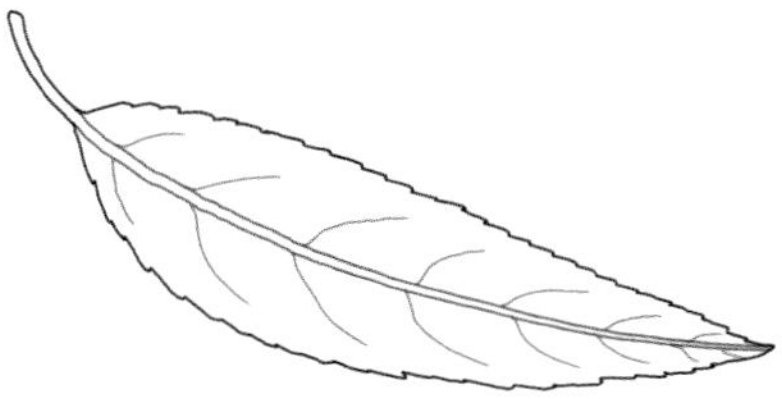

桃のヴィシソワーズ

2人分

桃…1個(約400g)
玉ねぎ小…1/4個(20g)
じゃがいも小…1個(80g)
水…1カップ
西京味噌…小さじ1/4
牛乳…80mℓ
生クリーム(乳脂肪分35%)…大さじ2
バター…5g
レモン汁…小さじ1

1 玉ねぎとじゃがいもは細かいみじん切りにする。
2 鍋にバターと1を加え、透明感がでるまで炒める。水を加え10分ほど加熱し、柔らかくなったら西京味噌を加え、ボウルに移し、ブレンダーにかけピューレにする。
3 ボウルの底に氷水を当てて、冷やしながら混ぜる。
4 桃は半分に切り種を取る。皮をむいてひと口サイズに切り、レモン汁に馴染ませる。飾り用に少し取り分けておく。
5 3に4を加え、ブレンダーでピューレにし、牛乳と生クリームを加える。
6 器によそい、取り分けておいた桃を飾る。

＊桃は、食べごろの美味しい桃を使ってください。種類はどの桃でも大丈夫ですが、白桃がより綺麗です。

器のTPO

とある海辺にある素敵なレストランでは、地元の食材を丁寧に美しく調理するだけでなく、それを地元の作家さんが作る器で提供しています。シェフのお人柄もさることながら、海をテーマにした素敵な器の数々が、訪れる人をもてなします。

海辺というロケーション、美味しい料理、そして器――この3つが揃ったレストランは、人々に癒しをもたらすようで、いつもお客様でいっぱいです。私も訪れるたびに、「また来たい!」との思いを新たにします。

海辺のレストランを真似て、海色の器に少し気取ってお料理をよそえば、あのレストランにいるような気がする… 気がするだけでも楽しいですよね。

このような器を普段使いするのも素敵です。

白身魚のソテー

4人分

白身魚(鯛・ヒラメなど)… 4切
塩 … 適量
小麦粉 … 適量
オリーブオイル … 大さじ2
にんにく(みじん切り)… 小さじ1/2
青菜 … 1/2束

1 魚は全体に軽く塩をふり、15分ほどおく。出てきた水分をキッチンペーパーで拭き取り、皮目に再度薄く塩を振り、全体に薄く小麦粉をまぶす。

2 フライパンにオリーブオイルを引き、にんにくを加えて香りを立てながら茹でた青菜をサッと焼き、別皿によけておく。

3 そのままのフライパンに1を皮目を下にしてカリッとするまでじっくり焼き、ひっくり返してもう片面も火入れする。器に盛り、オリーブオイルをまわしかける。

カポナータ

4人分

なす・ズッキーニ … 各1本
トマト・パプリカ … 各1個
玉ねぎ … 1/4個
アンチョビ(みじん切り)… 大さじ1
にんにく(みじん切り)… 小さじ1/2
A
白ワインビネガー … 1/4カップ
砂糖 … 小さじ2
天然塩 … ふたつまみ
オリーブオイル … 大さじ2

1 全ての野菜を1.5cm角に切る。

2 フライパンにオリーブオイルを引き、にんにくと、アンチョビを加えて香りが立つまで火入れする。

3 1の玉ねぎを加えて透明感が出るまで炒め、続けてズッキーニと塩ひとつまみ(分量外)を加えて軽く炒め、パプリカ、なす、と続けて同じ要領で水気が少なくなるまで炒める。

4 トマトとAを加え、全体を馴染ませるように混ぜながら水気を飛ばすように10分ほど火入れする。

一緒が楽しいお食事

皆が集まり会食をする際、私は食事の準備から片付けまで、集まった人全員でできたら楽しさが倍増するように感じています。

季節の食材を串に挿して焼いて食べて… 簡単な作業でしたら、食べるまでの準備も、お喋りしながら楽しめるでしょう。

さまざまな方と過ごす時間は、さまざまな考え方に触れ、新たな知恵を授かり、喜びが増える、自分を成長させる大切なひととき。楽しい会話にユーモアを交え、心の底から笑い、喜びを共に分かち合えたら、お食事の楽しさもひとしおでしょう。

【材料はすべて4人分】

たけのこ串

A 鶏モモ肉…160g
　白ねぎ…1本
B 卵白…1/2個分
　塩糀…小さじ1/2
　片栗粉…小さじ1
茹でたけのこ…穂先2本（150〜200g）
白だししょうゆ…小さじ2
小麦粉（打ち粉用）…適量
木の芽…適量

1 Aは粗く切り、Bを加え、ブレンダーで粗めのペーストにする。
2 たけのこは、穂先から食べやすい大きさに切り、白だししょうゆに10分ほど馴染ませる。
3 2の水気を拭き、串を挿し、節目側に打ち粉をして1を乗せ、手でギュット握り成形する。
4 フライパンに油を引き、肉面を下にして中火で5分蓋をして焼き、裏返して弱火で5分蓋をして焼く。最後に木の芽をあしらう。

ピーマントマトチーズ串

ピーマン…4本
とろけるチーズ…適量
ミニトマト…8個

1 ピーマンは縦半分に切り、種を取り除き、串に挿す。
2 上にとろけるチーズとヘタを取り除いたミニトマトをのせ、グリルで12分ほど焼く。

アスパラガス肉巻き串

太アスパラガス…4本
豚バラ薄切り肉…4枚
ハーブソルト…適量

1 アスパラガスは下部の固い表皮をピーラーでむき、ハカマを取り串に挿す。
2 豚バラ肉を巻き、ハーブソルトを振り、蓋をしたフライパンで焦げ目がつくまで途中で回転させながら焼く。

白はんぺんの田楽と桜串

白はんぺん…2枚
A 八丁味噌…小さじ1
　オリーブオイル…小さじ1/2
桜塩漬け…8輪

1 Aは合わせて馴染ませておく。
2 はんぺんは1枚を4等分に細長く切り、串に挿して中火のグリルで8分焼く。
3 半分の串にAを小さく丸めて3箇所にのせる。残りの串に水で洗った桜の塩漬けをのせ、グリルで2分火入れし香りを立たせる。

おむすびと漬物串

ご飯…ひと口サイズおむすび8個分
守口漬け…適量
A 信州味噌…小さじ2
　オリーブオイル…小さじ2

1 ひと口サイズのおむすびを作り、水で濡らした串に挿し、ひと晩寝かせる。
2 1の先端に守口漬けを挿し、グリルの中火で6分焼く。
3 表面が焼けたら守口漬けに付いている味噌粕もしくはAを塗り、バーナーで味噌の香りを立てる程度に炙る。

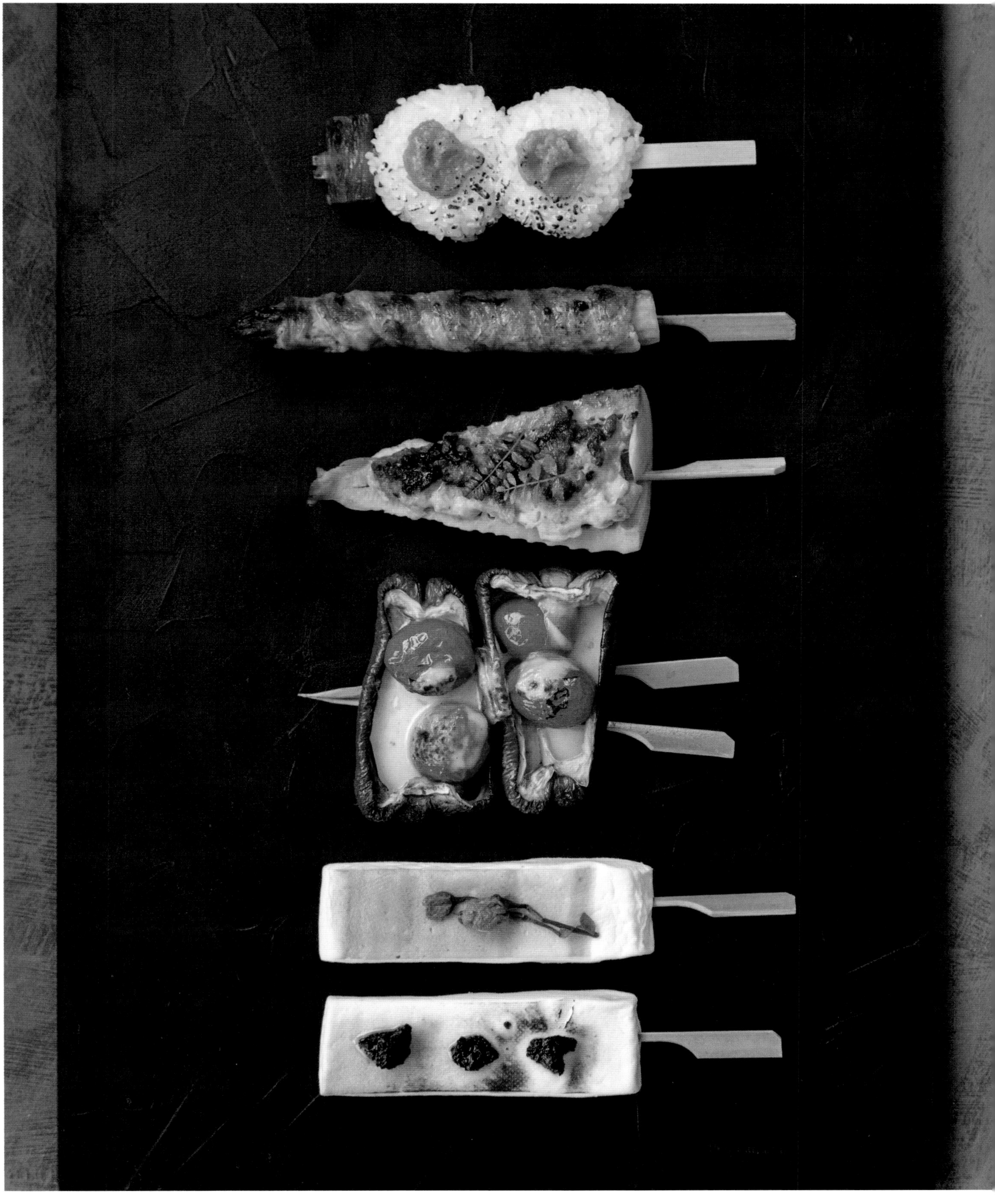

夏の風情

六月一日は更衣（こうい）。冬物から夏物へ入れ替える日です。日本人には当たり前の衣更《ころもが》えですが、季節に合わせて衣服や暮らしの道具までも変えることは、世界的に珍しいようです。伝統的に行われてきたことを意識していくと「和み」や「風情」が「豊かさ」に繋がっていきます。

「衣服」の「服」は「福」と語呂合わせで云われる人もいるほど、季節のお洒落をすると気持ちが上がります。夏には涼し気な色や、薄様の衣服にしますが、それは自分のためでもあり、見ている人を涼しい気分にさせる心遣いにもなります。ほかにも風通しのよい籠バッグにしたり、軽快なサンダルなどにしてお洒落をするのも楽しいですね。

「夏のお道具や器」と云えば、あたり前のようにガラスや竹など、涼しさを感じるものを用います。冷えた麦茶をガラス器に注ぎ、窓には日よけ対策に葦簀（よしず）、風通しのよい簾（すだれ）をしつらい、朝夕には打ち水、軒先に風鈴を吊るすことも。

そして、夏ならではの遊びと云えば、「山開き」「海開き」。川の上は涼しいので床をしつらえ飲食を楽しむ「納涼床」や、鵜《う》に鮎漁《あゆりょう》をさせる勇壮な姿を見ながら、その場で調理して飲食を楽しむ「鵜飼《うかい》」。ヤナを設えて自分で川魚を獲る「梁《やな》漁」、竹を使って麺を流して食べる「流しそうめん」。「花火大会」は、水神様に夜空に咲く花を楽しんでいただき、「どの方にも平等に水、光、風が行き渡りますように」と祈る夏祭り。時代と共に祈りから娯楽へと発展してきました。夜空に広がる華やかな花火を楽しめる平和に、感謝を捧げます。

夏の手仕事のひとつに、梅仕事があります。梅干し、梅酒、梅シロップ、梅ジャムも手間はかかりますが、梅を清らかな水でじゃぶじゃぶ洗って乾かして…夏の風物詩のひとつでしょうか。時季のものをその時季に楽しんでいくことが風情に繋がります。

シンプルに味わう

夏の台所は、お湯を沸かすだけでも室温が上がり苦労します。朝の涼しいうちに、簡単に調理して、冷蔵庫で冷やして保管できる料理は、大層魅力的ですよね。夏の素材を生かしたシンプル（簡単）な料理を、シンプル（簡素）で涼を誘う器によそえば、身も心も癒される優しい食事ができるでしょう。

シンプル（単純）な行動と云えば、昆虫や動物たちでしょうか。夏の間大声で鳴いているイメージの蝉ですが、気温が高くなり過ぎると鳴かなくなるのだとか。そのような姿を見ると、人間もシンプル（ありのまま）に生きた方がよい気がしてきます。

そんな真夏の昼下がり、犬も猫もお昼寝時でしょうか。人間も無理は禁物の暑さです。

冷やしトマト

4人分

トマト小…8個
ガムシロップ（蜂蜜）…大さじ2～3

1. トマトは皮をむき、シロップを馴染ませて冷蔵庫で冷やす。
2. 器に盛り、粗塩をひとつまみ添える。

＊大葉を一緒に添えても美味しいです。

ピーマンと海苔

4人分

ピーマン…5個
海苔…2枚
しょうゆ…適量

1. ピーマンは種を取り、5㎜のせん切りにする。
2. フライパンに油を引き、1を好みの固さまで炒める。
3. しょうゆを好み量回しかけ、手で揉んで細かくした海苔をたっぷりと入れて和える。

なすのしょうがじょうゆ

4人分

なす小…6本
しょうが・しょうゆ…各適量
サラダ油…各適量

1. なすは末広切りにする。塩を1％加えた水に10分漬け、ザルにあげて水気を切る。

＊塩水につけることで、なすの油吸い過ぎが軽減できます。

2. フライパンに油を引き、なすの皮目を下にして並べ、フタをして中火で焼く。裏返してしんなりするまで火入れし、器によそう。
3. しょうがのすりおろしをたっぷりとのせ、しょうゆをかける。

始末

「始末良い」とは、賢く生きる、工夫して生かす美徳のことです。

例えば、米のとぎ汁は栄養が含まれるので捨てずに、花壇の水やりにするのもよいでしょう。

野菜や豆の茹で汁は、捨てずにスープや味噌汁に使うと、味に深みが出ますし、栄養も余すところなくいただくことができます。旨みをたっぷりと含んだ煮汁も、捨ててしまっては勿体ない。

生かして食べ尽くしましょう。汁まで美味しく召し上がれ。

すき焼き風ウニのせ

4人分

和牛(ロース)しゃぶしゃぶ用…800g
ウニ…適量
サラダ水菜…適量

A
だし…1½カップ(7ページだしの引き方参照)
濃口しょうゆ…大さじ5
みりん…大さじ4
酒…大さじ3
砂糖…大さじ1

1 肉は食べやすい大きさに切る。
2 鍋にAを沸かし1をしゃぶしゃぶして火を通し、皿に取っておく。
3 器に3cmに切ったサラダ水菜を敷き、2をのせる。残り汁を加え、ウニを添える。

たたきごぼう

4人分

すき焼きの残り汁…適量
ごぼう…2本
白ごま…適量

1 ごぼうは布巾でこすりながら洗い、皮の汚い部分を取り除く。まな板の上で、ごぼうを麺棒で叩き、崩れるくらいにヒビを入れたら、3cm程度に切る。
*最近はごぼうの味が薄めなので、あく抜きはしないで手早く火入れします。
2 「すき焼き風ウニのせ」の残り汁に1を入れ、柔らかくなるまで15分ほど煮る。最後に香りよく炒った白ごまをふりかける。
*煮詰めると味が濃くなりがちですので、水や酒を加えて調整します。

酢 【日本の伝統調味料】

料理をいただく時、塩気が足りない時、脂が濃い時、クセが強い時、酢を加えることで食べやすくなった経験はありませんか?

酢は食欲増進効果の他に、疲労回復や殺菌効果もある頼れる調味料。夏に生ものを酢で和えるのも理にかなっていますし、私は海外渡航時の養生に、携帯して重宝しています。

世界各地に酢はありますが、日本の酢はまろやかで使いやすいのが特長です。

アジとキュウリの酢和え 2人分

アジ(刺身用中サイズ)…1尾
キュウリ…1本
しょうが…1片
A
酢…大さじ3
砂糖…大さじ2
淡口しょうゆ…小さじ1
天然塩…小さじ1/4

1 Aをまぜ三杯酢をつくる。
2 天地を切り落としたキュウリに、たっぷりの塩を全体に馴染ませて洗う。薄い輪切りにし、塩少々(分量外)を馴染ませ10分おき、水気を絞る。
3 しょうがは、針のように切り、サッと水に通して水気を切っておく。
4 アジの刺身は骨を取り除き、薄めに切る。1~3を合わせてざっくりと混ぜて器によそう。

*生魚は新鮮さが命です。良い材料を見極めることがポイント。

みょうがの酢漬け

みょうが…10個
A
酢…1/2カップ
水…1/4カップ
砂糖…大さじ2

1 みょうがは、根元を少し切り取り、縦半分に切り、沸騰した湯で10秒茹でて水気を絞る。
2 Aは加熱して冷ます。1を加えて漬ける。

サワードリンク

柑橘(清見オレンジ)…500g
氷砂糖(小粒)…500g
米酢…2 1/2カップ
カルダモン粒…2~3粒(お好みで)

1 柑橘は皮をむく。
2 カルダモンにハサミで、切れ目を入れる。
3 熱湯消毒した瓶に、焼酎を霧吹きで吹き、材料を入れて漬ける。
4 1週間ほどおき、炭酸や白湯などで3~5倍に薄めていただく。

*日々味に深みが増し、美味しくなります。酸味と甘みを持つ調味料としてお料理にも活用できます。

食欲のない時の工夫

想像しただけで唾液が出るような梅干しやレモンなどの酸味を加えたり、薬味で香りを添えて食欲を誘ったり、つるんとしたのど越しの良いメニューにしたりと、ちょっとした工夫が「食べる」きっかけになるものです。

畑の薬とも呼ばれるらっきょうをソースにして、魚肉類に添えれば、さっぱりとして夏バテの養生にも良さそうです。

スタミナのつくにんにくも、炊き込みご飯にすると、匂いが優しくなり食べやすいですよ。

にんにく炊き込みごはん

2人分

米…1合
にんにく…2片
濃口しょうゆ…小さじ1
発酵バター…5g

1 米は洗い、水180mℓ（分量外、米により調整する）としょうゆを加え、丸ごとのにんにくを上にのせて炊飯する。

2 炊き上がったらバターを加えて混ぜ合わせる。

トンテキ らっきょうソース

2人分

豚ロース肉（厚切りテキカツ用）…2枚
なす・甘長とうがらし・ミニトマト…適量（肉と一緒に焼ける量）
塩糀…小さじ2
にんにく…1片
サラダ油…大さじ1
甘口らっきょう…8粒
しょうゆ・酢…各大さじ2

1 豚ロース肉は筋切をし、塩糀を馴染ませ1時間ほど漬けておく。

＊1時間くらい漬けると良いですが、15分でも味に深みが出ます。ひと晩おくとかなり柔らかくなります。

2 なすはヘタをとり、縦半分に切る。皮面に斜め格子に隠し包丁を入れ、拍子切りにする。甘長とうがらしはヘタの上を包丁で切り落とし、破裂防止に包丁の刃先で切込みを入れる。

3 フライパンに油を引き1とスライスしたにんにくを入れ、弱火で焼く。片面を7割火入れし、表面が軽く焦げてきたらひっくり返して反対側に残り3割火を通す。2とミニトマトも一緒に焼く。

＊火入れし過ぎると硬くなる。塩糀は焦げやすいので注意。

3 らっきょうはみじん切りにし、しょうゆ、酢と合わせて肉にかける。

酷《ひど》い暑さ

真夏の燃えるような暑さは「炎暑」
真夏に吹く、暑くて乾いた風は「熱風」
燃えるような暑い天気は「炎天」
暑さの極みは「極暑」

湿気と高温を伴う厳しい夏らしい、
際立つ風情を表す言葉もあります。
炎天下の憧れ「影涼し」
日没後、暑さが和らぐ「夏の宵」
炎夏の終わり頃は「夏の果（はて）」
晩夏の頃に感じる「涼風」

美しい季節を表す言葉に、心癒されます。

近年の、命の危険を感じるような暑さに打ち勝つ活力源に、うなぎに近い栄養のある穴子も良いですよ。

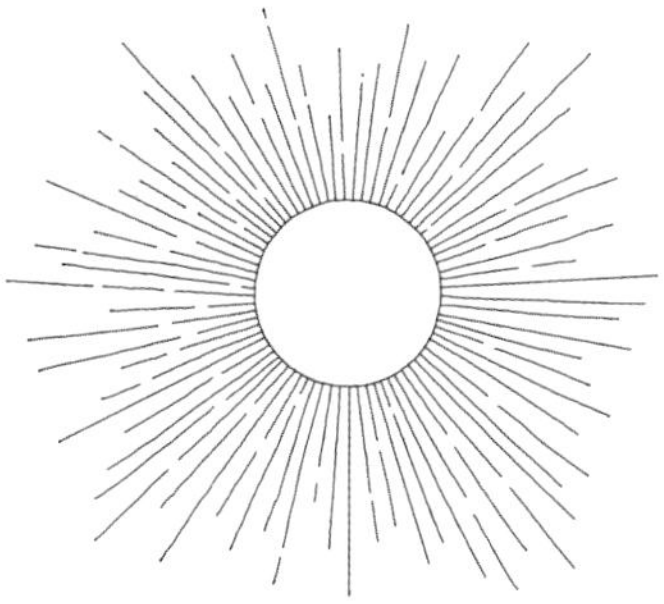

穴子と新れんこん餅の餡かけ

4人分

穴子（中サイズ・開き）…4尾
れんこん大…1本（400g）
しし唐…12本
片栗粉…大さじ1
白だししょうゆ…小さじ1
小麦粉（打ち粉用）…適量
揚げ油…適量
A
　だし…2カップ（7ページだしの引き方参照）
　淡口しょうゆ…小さじ1
　濃口しょうゆ…小さじ1
水溶き片栗粉…大さじ1
山椒の実（または生こしょう）…少々

1 穴子は、皮面のぬめり（臭みの原因）を包丁の背をあてて取り除く。（写真a）
2 まな板を立てた上に、頭を下に、皮目を上にして穴子を張りつけて並べる。80度の湯を尾から全体にまわし掛け、頭を切り落とし、1/3に切る。（写真b）
3 れんこんはすり下ろし、片栗粉を混ぜ、5分ほどおいて溶かす。軽く絞り白だししょうゆを加える。
4 穴子の皮目に打ち粉をして3を重ね、楕円形に整える。全体にも打ち粉をし、180度の油でカラッと揚げる。
5 しし唐はヘタの上を切り落とし、包丁の刃先で切込みを入れ、180度の油で素揚げする。
6 Aを煮立たせ、水溶き片栗粉を回し入れ、トロミをつける。
7 器に6を注ぎ、4と5をよそい、山椒の実をあしらう。

a

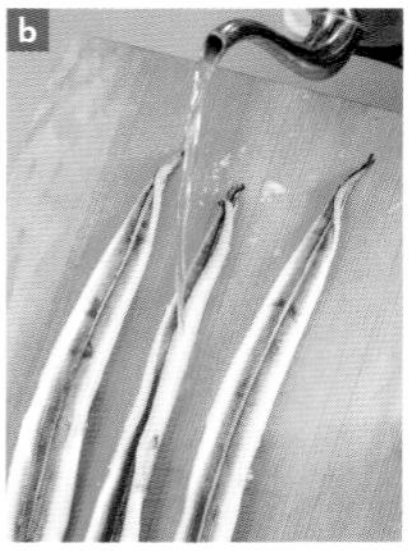
b

包む

包んで形にすることで気持ちや敬意を表す、日本に昔から伝わる美しい文化（礼法）は伝承していきたいもののひとつです。お世話になった方や、大切な人へプレゼントや御礼の品物を送る際、失礼のないように大方の作法が決められています。

差し上げるものは、珍しいものや美味しいもの、収獲されたばかりのものなど、相手の好みを考慮することが大事です。そして、上等なものは桐の箱に納めます。桐箱は、湿気が高くなると膨張して気密性を高め、内部に湿気が侵入するのを防ぎます。そして乾燥時には収縮し、自身の水分を放出します。日本の気候風土に最も適した素材ですので、保存や保管に重宝されてきました。

鮑《あわび》は身が美味しく、貝殻は宝石のようなことから、縁起の良いものとして重宝されてきました。そのアワビを伸ばして干したものを「熨斗《のし》鮑《あわび》」として贈答品に添えます。それを、心の清らかさを表す白い紙「和紙」で包みます。包む和紙は凹凸のある檀紙が格上で、そのあとに奉書紙と、薄くなるほどに格が下がってゆきます。最後に麻ひもや水引で結い、気持ちを込めます。

水引は苦に通じる九を除く奇数（三、五、七）本を用いますが、割り切れない数を使うことで縁起を担ぎます。あわじ結び（一度結んでしまうと解くことが難しいことから「末永くお付き合いをお願いしたい」との願い）や蝶々結び（簡単にほどける結び目で、何度でも結び直せることから「何度あってもよい」との願い）など、水引の形や色により想いを表します。金封を見ても解りやすいです。

「御礼」の気持ちの品物を紙で包み、箱に納め、上から熨斗を被せ、水引を結い、気持ちを何重にも重ねて贈る丁寧さ。「御中元」や「御歳暮」などの慣習は、お世話になっている方へ感謝を表す素敵な文化です。

人を大切に出来る人は、人からも大切にされる…「包む」という行為ひとつからも、人と丁寧に関わることを大切にしてきた先人たちの想いを感じることができます。

御礼
沙和花
御礼

江戸っ子の流儀

東は蕎麦、西はうどんと、かつて麺文化は二分されていました。東の蕎麦圏、江戸っ子は「音を立てて一気に食べる」など粋な食べ方にもこだわりましたが、西のうどん圏ではそのような流儀は特になく、好きに食べています。

江戸っ子の意気込み＝粋を感じますが、粋の美学は暮らしの中にあって、「粋な深川芸者は、どんなに寒くてもタビをはかない」「大名屋敷に勤める使用人の矜持で、常に素足で過ごした」などと言われています。

努力とやせ我慢をしてでも美学を通す、強い想いが伝わり興味深いですね。

納豆とトマトと大葉の冷やし蕎麦

2人分

蕎麦乾麺…120g
ひきわり納豆…1パック
ミニトマト・大葉…各適量
うずら卵…2個
麺つゆ…260㎖（返し大さじ4　だし1カップ）

1. 蕎麦はパッケージの記載通り茹でる。流水でヌメリを洗い流してから冷水で締め、ザルにあげて水気を切っておく。
2. 蕎麦を器に盛り、大葉、ひきわり納豆と半分に切ったミニトマト、うずら卵をのせ、冷やした麺つゆをまわしかける。

麺つゆ（作りやすい分量）

しょうゆとみりんを合わせた「返し」と「だし」を合わせて作ります。かけ蕎麦、ざる蕎麦など種類により濃度を変えます。

返し　濃口しょうゆ・本みりん…各1/4カップ
　　　たまりしょうゆ…大さじ1/2
だし　7ページだしの引き方参照

1. 返しを作る。濃口しょうゆとみりんを鍋に入れて加熱し、アルコールを飛ばす。火を切り、たまりしょうゆを加える。

＊冷蔵庫で5日間ほど寝かせると味に深みが出る。

2. だしを引く。かつお節の量を多めにした濃い目のだしを引く。
3. 返しとだしを合わせる。かけ蕎麦用つゆ（2人分）返し大さじ4　だし1 3/4カップ

＊好みにより濃度を調整して下さい。

とうもろこしのかき揚げ冷やし蕎麦

2人分

蕎麦乾麺…120g
とうもろこし…1本
麺つゆ…260㎖（返し大さじ4　だし1カップ）
衣
A　小麦粉…大さじ1
　　片栗粉…小さじ1
　　炭酸水…大さじ2強
マヨネーズ…大さじ1

1. とうもろこしは包丁でそぐ。
2. ボウルにAを合わせて1を加え、スプーンですくい180度の油で揚げる。

＊直径6センチのかき揚げリングを使用。

3. 蕎麦はパッケージの記載通り茹でる。流水でヌメリを洗い流してから冷水で締め、ザルにあげて水気を切っておく。
4. 器に蕎麦をよそい、上に2をのせ、最後に冷やした麺つゆをそばがひたるくらいに回しかける。

夏の菓子

　アイスやかき氷は氷菓子、餡子と水を寒天で固めた水羊羹や果物のことは水菓子と呼びます。夏の風情のあじさいや蛍、涼やかな水の流れを表現した練り切りなど、どの菓子も楽しみなものばかりです。

　白餡にアーモンドミルクを加えてゆるめ、ほろ苦いゼリーとあわせてみましたら、のど越しの良い夏のデザートに。簾《すだれ》をしつらい、青紅葉を添える… 日本の夏も良いものです。

鉄観音茶の水菓子

アーモンドミルク餡と共に

4人分

ゼラチンリーフ…10枚
鉄観音茶…2 1/2カップ
グラニュー糖…大さじ1
A
　白餡…200g
　アーモンドミルク…3/4カップ

1 ゼラチンリーフをたっぷりの冷水に3分ほど漬けてふやかす。
2 熱い鉄観音茶（約60度）にグラニュー糖と1を加えて溶かし、粗熱が取れたら冷蔵庫で冷やす。
3 Aは鍋で加熱しながらなめらかに混ぜ合わせ、冷ましておく。
4 2を器によそい、3を回しかける。

夏の小皿

夏場はとにかく暑く、食欲が減退しがちなので、口当たり良く、簡単にでき、酢を用いるなど防腐効果のある組み合わせも考えると良いですね。熱中症対策に、梅干しや良質な塩を用いるのも有効です。

夏かぶらときゅうりのお酒漬け

夏かぶら…5個
きゅうり…2本
輪切り唐辛子…適量
A 砂糖…30g
酒…大さじ2
塩…大さじ1弱

1. 夏かぶらは皮をむきくし切り、きゅうりは拍子切りにし、塩少々（分量外）をふり15分置いて水気を軽く絞る。
2. Aは沸騰させてアルコールを飛ばし冷ます。チャック式ポリ袋に全ての材料を合わせ、冷蔵庫で半日寝かせる。

タコの酢和え

茹でタコ(刺身用)…足2本
ゴーヤ…1/2本
みょうが…2本
A 米酢…大さじ3
砂糖…大さじ2
白だししょうゆ…大さじ1

1. 茹でタコは流水で洗い、ぶつ切りにする。
2. ゴーヤは縦半分に切り種を取り除き薄めに切る。みょうがは5㎜幅の輪切りにする。
3. 2を沸騰した湯で30秒ほど茹で、水気をしぼる。
4. Aを合わせ、全ての材料を和える。

そら豆のひすい煮

そら豆…200g

A
- 水…3/4カップ
- 砂糖…50g
- 塩…小さじ1/2

①そら豆はサヤから外し、包丁で薄皮（黒い箇所が目印）に切れ目を入れて薄皮をむく。

②小鍋にAを入れ加熱し、沸騰したら①を加えて2分加熱し、容器に移す。

③容器ごと氷水に浸して、色止めのため急冷させる。

梅干し飴とトマト飴

梅干し（甘口）…3個
ミニトマト…6個
グラニュー糖…大さじ4
水…小さじ1

①梅干しはキッチンペーパーで水気をしっかりと拭き、ミニトマトは洗い水気を拭く。それぞれ楊枝を挿す。

②ソースパンにグラニュー糖と水を入れ、少し色づく程度まで加熱して飴を作る。

③飴に①を絡め、クッキングシートに置き、冷蔵庫で冷やす。

冷奴　山椒オイルと浜納豆

豆腐…適量
浜納豆みじん切り…適量
山椒オイル
- 山椒の実…50g
- 太白ごま油…1/2カップ

＊浜納豆は家康も好んだ発酵食品。味噌蔵などで購入可能。類似品「大徳寺納豆」「唐納豆」「豆鼓」など。
＊山椒オイルは、サラダやカルパッチョなど色々と使えます。

①豆腐は水で洗い、水気を軽く切る。器によそい、山椒オイルを回しかける。上に山椒の実と浜納豆を添える。

山椒オイル
実山椒はよく洗い、鍋にたっぷりの湯を沸かし、小枝をつけたまま茹でる。冷水にさらし小枝を取り除き、乾燥させたらごま油と合わせ、1週間ほどおく。

夏の花

季節の移り変わりと共に、さまざまな種類の花が咲きます。

夏は特に華やかな花が多く、六月の梅雨の頃には色とりどりの紫陽花。梅雨が明ける七月は、ギラギラと刺すような陽射しに、大地は煮えたぎる暑さが襲ってきます。そんな中であっても、朝には朝顔、足元には露草、千日紅、ひまわり、百日紅《さるすべり》などが咲きます。暑さに負けず美しく咲く花の姿を見て、励まされ、癒される人も多いでしょう。

あまりにも綺麗なので身近に飾り自分を奮い立たせる、玄関に飾ることでお客様に清々しい気持ちなってもらう… 昔の人もそのようなことをしてきたのでしょう。

江戸の庶民にも花は愛されていました。家の際には朝顔やテッセンが植えられ、花市も立ち、個人で品種改良に挑戦する人も多かったのだとか。東京では今でも夏に、朝顔まつりや、ほおずき市が行われます。

夏は花持ちが悪くなりがちなので、少しでも元気でいてくれるように配慮します。朝晩と水を入れ換えたり、いらなくなった錫（雑菌の繁殖を抑える効果がある）の小物などを一緒に入れても効果的です。植物も生き物で、聞いたり感じたりしていることが、最近の研究でわかってきたそうです。

それでは、話しかけるのもポイントでしょうか。

「咲いてくれてありがとう」

夏のフラワーアレンジメント
（グロリオサ・野ばらの実・シロヤマブキ）

秋

Autumn

秋立《あきた》ち
秋高《あきたか》し、虫《むし》の音《ね》賑《にぎ》わう芋名月《いもめいげつ》
月見団子《つきみだんご》、月見豆《つきみまめ》に月見酒《つきみざけ》
錦繡《きんしゅう》の如《ごと》き山粧《やまよそお》う秋《あき》の香《か》
金風《きんぷう》、金波《きんぱ》、金秋《きんしゅう》
黄金色《こがねいろ》に染《そ》まりし稲田《いなだ》
実《みの》りの時季《じき》至《いた》る
感謝《かんしゃ》しませう秋祭《あきまつ》り

豊かな秋

秋は、米、里芋、さつま芋、栗、ぎんなん、みかんの他にも多くの収穫がある「豊穣の時」。

暑さが少し落ち着くことで過ごしやすくなり、たくさん食べられる嬉しい時季でもあります。

季節は人生にも喩えられ、「秋のように豊かな時であっても、次に来る冬にそなえよ」との先人の教えを心の片隅に置いて… 豊かさを満喫しましょう。

秋野菜の吹寄せ

2人分

れんこん… 100g
さつま芋… 小1本
にんじん… 1/2本
しめじ・まいたけ…各1/2パック
パプリカ赤・黄色…各1/2個
みかん（オレンジなど）… 適量
オリーブオイル・岩塩… 各適量

1 天板にクッキングシートを敷き、薄く輪切りにしたみかんを並べる。オーブンを180度に設定し、みかんを並べた天板を下段に入れてから予熱を始める。

＊予熱からみかんをじんわりと焼く。みかんの水気が多い場合は、切ってから平に並べ風に当てて乾燥させてから焼く。

2 れんこんは薄切りにし、さつま芋は厚さ5㎜の輪切りにし、サッと水に通し水気を切る。パプリカ、しいたけ、しめじは食べやすい大きさに切る。

3 にんじんは、厚さ5㎜の輪切りにし、イチョウ型やモミジ型で抜く。

4 2～3をボウルに入れ、オリーブオイルをまわしかけ、全体をオイルコートする。クッキングシートを敷いた天板に広げ、180度のオーブン下段で20～30分ほど焼く。

5 器によそい、岩塩をパラリと散らす。

＊オイルを馴染ませることで、しっとりと焼きあがります。
＊オーブンは熱源やメーカーにより余熱時間や熱の入り具合に差があるので、様子を見ながら調理します。

ローストチキン

2人分

鶏もも肉（骨つき）…2本
A 塩糀…大さじ1/2
砂糖…大さじ2
マスタード…大さじ1
しょうゆ…大さじ1/2
にんにく（すりおろし）… 小さじ1/2
酒… 少々
ローズマリー・タイム…各適量

1 鶏もも肉は裏側から骨のまわりに切込みを入れ、皮の部分にはフォークで穴をあけ、混ぜたAを塗り、30分以上漬け、室温に戻しておく。

2 天板にクッキングシートを敷き、鶏もも肉をのせ、ローズマリーとタイムを添えて、180度に温めたオーブン上段で30分焼く。

3 そのままオーブンに15分入れておき、余熱でしっかり火を通す。

5 鶏肉の骨の部分にシートを巻き、シサル（麻ひも）で可愛く留める。器に、秋野菜の吹寄せと共によそう。

菊花《きっか》

花を食べるだなんて少し可哀想な気もしますが、お料理に花があると嬉しくなります。

農薬を使わずに育てれば、食べられる花は結構あるようです。菊をはじめ、ナデシコ、バラ、バーベナ、ナスタチウム、ほかにも塩漬けでは桜や春蘭も有名です。

菊花は、中国から日本に伝わり、今では桜と共に、日本国民に愛される花の一つです。

皇室の御紋でもあり、パスポートにも菊花紋が記されています。

えびしんじょ菊花椀

4人分

無頭えび…150g
しいたけ…4個
食用菊花大…4輪
小麦粉（打ち粉用）…適量
だし…3カップ（7ページだしの引き方参照）
A　淡口しょうゆ…小さじ1
　　塩…小さじ1/4
B　卵白…1/2個
　　片栗粉…大さじ1
三つ葉…少々
小麦粉（打ち粉用）…適量
揚げ油…適量

1 だしを引き、Aを加える。
2 菊花は中央の固い部分を取り、外側のやわらかな花びらを使用。熱湯で15秒ほど茹で、冷水にさらし、水気を軽く絞る。
3 えびは、殻をむいて背ワタを取り除く。包丁でたたき、Bを混ぜ合わせ4等分にする。
4 しいたけは軸を取り除き、傘の内側に打ち粉をし、3をのせて形を整える。全体に打ち粉をして180度の油で揚げる。揚がったら傘を立てて油を切る。
＊油切りする際、傘を下にすると油が傘に溜まってしまうので、油が下に落ちるように配慮する。
5 1を温め2を加える。
6 椀に4をのせ、5を注ぎ、上に茹でた三つ葉を添える。

＊椀にせず、えびしんじょうだけでも立派な惣菜になります。

精進《しょうじん》料理

精進料理とは、野菜（にら、ねぎ、にんにくを除く）や豆、穀類のみを使った料理で、タンパク質は豆などで補う現代でいうヴィーガン（完全菜食主義）料理に似ています。

精進料理ならではの食事作法があり、作法を守ることが修行のひとつとなっています。

①お膳を前に背筋を伸ばして座り、箸と器は両手で扱う。

②そしゃく中は箸を置く。

③しゃべらない。

④音を立てない。

⑤食後は湯を注ぎ、たくあんで器を洗い飲み干す。

普段の食事でも通じるものがあります。修行を頭の隅に置き… 色々なものを盛り合わせるのも楽しいですね。

おしゃべりはやめられそうにありませんが（笑）。

精進ボウル

4人分

にんじんと白ごま和え

にんじん…1本

A（白ごま・白ごまペースト…各大さじ1
白だしポン酢（7ページ参照）…小さじ1）

1 にんじんは、せん切りにし、塩少々（分量外）を馴染ませて10分おき、しなるまで揉む。水気をギュッとしぼり、Aと和える。

山芋とピーマンの豆豉炒め

山芋…200g　ピーマン…2個

A（豆豉みじん切り・砂糖・しょうゆ・酒…各大さじ1）　サラダ油…適量

1 山芋は皮をむき拍子切り、ピーマンは種を取り除き、小さめの乱切りにする。

2 フライパンで1を炒め、Aを加えて水気を飛ばしながら火入れする。

蒸し大豆の甘辛煮

蒸し大豆…100g　片栗粉…小さじ2

A（淡口しょうゆ…小さじ2　みりん…小さじ2　水…大さじ1）　サラダ油…適量

1 大豆に片栗粉をまぶし、油を引いたフライパンで表面がカリッとするまで焼き、別皿に分けておく。

2 フライパンにAを加えてアルコールを飛ばしたら1を戻して馴染ませる。

車麩のステーキ

車麩…30g

A（だし…1/2カップ　淡口しょうゆ・みりん…各小さじ2　砂糖…小さじ1/2）サラダ油…適量

1 車麩はAに浸けて戻す（約10分）。

2 フライパンに油を引き、軽く絞った1を並べ、両面こんがりするまで火入れする。

3 Aを加え、馴染ませながら汁気を飛ばす。

菊花とクコの実の酢和え

菊花…8輪　クコの実…大さじ2

A昆布水…大さじ3（7ページ昆布水参照）酢…大さじ2　砂糖…大さじ1　塩…ひとつまみ

1 鍋にAを合わせ加熱して溶かし、冷ます。

2 菊花をさばく。（82ページ手順2参照）

3 クコの実は三度水を入れ替えて洗い、湯に浸して戻し、1 2と和える。

玄米ご飯

玄米…2合　水…2 1/4カップ　塩糀…小さじ2

1 玄米は揉むようにして洗い、15分ザルにあげて水気を切る。

2 圧力鍋に全ての材料を入れ、火にかける。高圧で1分加熱し、その後は弱火にして17分加熱する。圧が下がってから蓋を開けてご飯を混ぜ、蒸気を逃がす。

*玄米の水分量は好みで調節すること。

秋風

秋風は、残暑をともなった風から始まり、徐々に爽やかな風が吹くようになり、次第に冷たさをともなう風へと移り変わっていきます。

そうなると「冬隣（ふゆどなり）」。晩秋の風は、「冬の準備をする時」を教えてくれます。

秋は、酷暑をやり過ごした身体を労わり、そして厳しい冬を前に体調を整えることに気をつけながら、動物も人間も栄養を蓄える時。しっかりと食べて養生するよう心掛けます。

秋は色合いや味にも、こっくりとした深みがしっくりとくる頃。フライも美味しく感じる季節でしょうか。オリーブオイルで揚げるのも、美味しいですよ。

いちじく・オリーブの実・カマンベールチーズのフライ

4人分

いちじく…適量
カマンベールチーズ…適量
オリーブの実…適量
A
小麦粉…大さじ3
水…大さじ2
卵…1個
パン粉…各適量
揚げ油（オリーブオイル）…適量

1 Aをあわせてバッター液を作る。ボウルに卵を割り入れ、水を加えて泡立て器でよく混ぜる。小麦粉がダマにならないように、パラパラと加えて混ぜる。

2 いちじくは、茎の固い上部は切る。カマンベールチーズはひと口サイズに切る。

3 2とオリーブの実にバッター液を絡め、パン粉をまぶす。

4 揚げ油180度で表面がカリッとなるまで揚げる。

＊揚げ物に使うオリーブオイルは、ピュアオリーブオイルが適当。
＊いちじく、カマンベールは加熱し過ぎると溶けだすので注意。

お月様

秋になると空気が澄んできて月の光の美しさが際立ちます。月が照り輝くことを「こうこう」、太陽が照り輝くことを「さんさん」と音に表します。音にして伝えるだけですが、それを聞くだけで情景が伝わってきます。

自然界の音や声、物事の状態を音（おん）で象徴的に表す語を、オノマトペと呼びますが、日本語は世界で最も豊かなオノマトペを持つのだとか。日本の季節の細やかな移り変わりが、繊細で豊かな感性を持つ日本語を育んできたのですね。

29日と半日で新月から満月、そしてまた新月へと満ち欠けを繰り返し、刻々と形を変える月にも、たくさんの名前が付いています。

十五夜の満月は完全無欠の美、いっそう明るく輝く月です。そして次の日の月も楽しみではありますが、前日よりほぼ50分遅く出てくるので「出てくるのをためらっているよう」ということで「十六夜（いざよい）」、次の日は前日より更に50分遅く出てくるので「立って待ってますよ」ということで「立待月（たちまちづき）」、次の日は「居待月（いまちづき）」、「寝待月（ねまちづき）」「更待月（ふけまちづき）」…

月の出に名前が付くくらい、美しい月を眺めることを楽しみにしていたのでしょう。

十五夜（仲秋の名月）には、月を鑑賞する観月会がさまざまな場所で行われます。水に映った月を眺めたり、蝋燭を灯したお庭から虫の音を聴きながら眺めたり。私が住む地方では、よそ様のお家で、お月様に供えてあるお菓子を勝手にもらってよいという「お月見どろぼう」という風習があり、子ども達が楽しみにしています。

古来よりお月見では、身近で収穫されたものを煮炊きし、お月見団子やススキ、萩などを飾り、秋の風情を楽しみながら、お月様に豊穣の報告と感謝を捧げました。

方言

日本は山が多く、山を越えると文化が異なることも少なくありません。言語も独特で、地域による方言がたくさん生まれました。

名古屋では、食べ過ぎに注意せねばならぬほどに美味しいことを「どえりゃーうめぇであかんわ」と云います。

方言は独特で面白く親しみが湧く、愛おしんでいきたいもののひとつです。どえりゃーうめぇ手羽先の甘唐揚げを召し上がれ。

名古屋風手羽先の甘辛揚げ

4人分

手羽先…12本

A
塩糀…小さじ2
にんにく（すりおろし）…5g
しょうが（すりおろし）…5g

B
濃口しょうゆ…大さじ3
酒・みりん…各大さじ4

C
にんにく（すりおろし）…10g
しょうが（すりおろし）…10g

D
片栗粉・小麦粉…各大さじ3

揚げ油…適量
白ごま…大さじ6

1 手羽先の軟骨部に包丁を当てて切り、先を切り落とす。裏面から骨に沿って縦に切りAを馴染ませておく。

2 鍋にBと1で切り落とした先とCを合わせ、強めの弱火で半量まで煮詰める。

3 白ごまは鍋で良い香りがするまで軽く煎り、別皿によけておく。

4 1にDを軽くまぶし、180度で揚げる。

＊菜箸で手羽先を持った時に、グツグツと振動が伝わってきたら火が通った合図。塩糀は焦げやすいので注意。

5 揚げたてを2に通し、3を全体にまぶし、網にのせて粗熱をとる。

べったら漬け風サラダ

4人分

キャベツ…400g
大根…100g
ピーマン…2個
砂糖・塩糀…各大さじ2

1 キャベツと大根は小さ目の乱切り、ピーマンは細めのせん切りにする。

2 1をボウルに入れ砂糖と塩糀を馴染ませ10分おき、水気をぎゅっと絞る。

味噌【日本の伝統調味料】

米味噌、豆味噌、合わせ味噌など、土地の気候風土により、郷土色の強い味噌が作られています。

「味噌は不老長寿の薬」と言われるほど栄養が豊富で、古くから大切な食物(タンパク源)として広がりました。

栄養が分解されているので、あっという間に消化吸収されるのでしょう。私は体調不良時に味噌を少しなめると、身体が楽になります。

味噌は、和食だけのものではなく、洋食を作る時にも隠し味として使うと、コクが出て美味しくなります。

銀だらと白ねぎの西京漬け

4人分

銀だら…4切れ（ムツ、カラスカレイ、イカなどもおすすめ）
白ねぎ…2本
酒（臭み抜き用）…少々
西京味噌床
　西京味噌…200g
　酒・みりん…各大さじ1
　砂糖…小さじ2

1 銀だらはさっと表面を洗い、酒をなじませ15分ほどおく。
2 白ねぎは表面の皮を一枚むき、3㎝に切る。
3 西京味噌床を合わせ、チャック式ポリ袋に入れ、手で揉んでよく馴染ませる。
4 1と2の水気をしっかりと拭き取り、3に入れて味噌床が全体に馴染むようにしてひと晩漬ける。
5 銀だらを取り出し、余分な味噌はヘラなどでぬぐう。弱火から中火のグリルで10〜13分程度焼く。

＊味噌床は水が上がってきたら取り除き、繰り返して2〜3回使えます。

時雨《しぐれ》

秋から冬にかけて、一時的に降ったり止んだりする雨を「時雨《しぐれ》」と呼びます。哀愁を感じる冷たい雨ですが、さまざまな場面で使われます。

青葉の木立から落ちる水滴を「青《あお》時雨《しぐれ》」、夏に蝉が一斉に鳴き立てる様子を「蝉時雨《せみしぐれ》」、秋に虫が一斉に鳴く声を「虫時雨《むししぐれ》」、冬の夜に降る小雨を「小夜時雨《さよしぐれ》」。また、今にも涙が出そうな悲しい気持ちを「時雨心地《しぐれごこち》」、白餡に卵黄と砂糖を混ぜて微塵粉を加えて蒸した生菓子は「黄身時雨《きみしぐれ》」。形を変え、その風情が伝わってくる言葉たちです。

料理の「時雨煮」の語源は、はまぐりのむき身をしょうゆでサッと煮て作る様子が、ぱらぱらっと降る時雨に似ていることから…などと言われています。昨今では、しょうが入りの佃煮全般を「時雨煮」と呼びます。

牛の時雨煮

4人分

牛肉（しゃぶしゃぶ用）…300g
しょうが…10g

A
- 水・酒…各大さじ4
- 濃口しょうゆ…大さじ2弱
- 淡口しょうゆ…大さじ2弱
- みりん…大さじ2

山椒の実…少々

1. 牛肉は、熱湯にさっとくぐらせ、冷水に取り、クッキングペーパーに広げ水気を拭く。

*余分な脂と臭みを取り除くためのひと手間ですが、これをすることにより味が洗練されます。

2. しょうがはせん切りにし、一瞬水にさらし水気を切る。
3. Aを鍋に入れ、中火で5分ほど煮詰めて味見をし、煮汁をある程度好みの味にしておく。
4. 鍋に牛肉としょうがを加えて混ぜる程度に軽く火入れする。
5. 器によそい、山椒の実を添える。

*牛肉切り落としでもよい。加熱し過ぎて肉が固くならないように気をつける。

*しょうゆは濃口と薄口を合わせて使うことで、洗練された味になります。甘さは好みで調整すること。

切り干し大根煮（旨味残り汁で）

4人分

牛時雨煮の残り汁…全て
切り干し大根…30g
にんじん（せん切り）…80g
さやえんどう…10さや

1. 切り干し大根を大きめのボウルに入れて丁寧に洗う。水で10分戻し水気を絞る。
2. 鍋に、1とにんじん、時雨煮の残り汁を加え、柔らかくなるまで10分ほど煮る。最後にサッと茹でたさやえんどうのせん切りと和える。

*煮汁は味見をして、濃かったら水で薄めること。

稲作

モチモチとして美味しい新米を食べられるこの時季は、多くの日本人にとって喜びの時でしょう。

この美味しいお米は、台風や日照りなどの天候への対処、病害虫への対策など、大変な苦労を経て収穫されたものです。技術向上の努力や、恵まれた自然環境があったからこその収穫を、神様（自然）のお陰と、感謝の気持ちを形にする「新嘗祭」や「秋祭り」が行われます。

＊米の配合はお好みで加減して下さい。レシピでは半々ですが、全て餅米でもかまいません。
＊米の種類により水加減が変わるので注意すること。

栗ごはん　4人分

うるち米・餅米…各1合
栗（殻付）…400g（正味約250g）
白だししょうゆ…小さじ2
天然塩…小さじ1/4

①栗は洗い、鍋に入れてヒタヒタの水を加え沸騰させ2分茹でる。そのままフタをして10分おく。ザルにあげ粗熱を取り、あたたかいうちに包丁で皮をむく。
②米は優しく洗い、水と白だししょうゆを合わせて約340〜360ml（分量外）と、塩、上に①をのせて炊飯する。

きのこと銀杏ごはん　4人分

うるち米・餅米…各1合
しめじ・しいたけ…150g
銀杏…16粒
鶏もも肉…80g
白だししょうゆ…大さじ2

①しめじは、食べやすい大きさに手でさく。しいたけは包丁で3mm厚のせん切りにする。
②銀杏は殻をむく。鍋に銀杏を入れヒタヒタの水を加え、あく取り（お玉など）の底でなでながら4分ほど茹でる。透明感が出てきたら氷水で冷やし、薄皮をむく。
③鶏モモ肉は、薄く小さめのそぎ切りにし、白だししょうゆ少々（分量外）を馴染ませておく。
④米は優しく洗い、水と白だししょうゆを合わせて約340〜360ml（分量外）と、塩、上に①②③をのせて炊飯する。

さつま芋と生こしょうごはん　4人分

うるち米・餅米…各1合
さつま芋…200g
白だししょうゆ…小さじ2
生こしょう…適量

①さつま芋は2cm角に切り、流し水でサッと洗い水を切る。
②米は優しく洗い、水と白だししょうゆを合わせて約340〜360ml（分量外）と、塩、上に①をのせて炊飯する。
③茶碗によそい、上に生こしょうを添える。

＊生こしょうは、エスビー食品のものを使用

精麻

精麻とは、大麻草の茎から皮をはぎ、研ぎ澄ました繊維を云います。精麻は、神社でお祓いに使う幣（ぬさ・お祓いする時に振る棒）に使われたり、注連縄（しめなわ）にされたりと、神社仏閣でも多くの精麻が使われています。

伊勢神宮が授与するお札に「神宮大麻」があります。古来より大麻草には祓い清める力があると言われ、日本人の精神性を清める役目をしてきました。麻織物「あらたえ」と絹織物「にぎたえ」は、大嘗祭で使われる神聖なものです。

現代で「大麻」といえば、向精神作用があり中毒性の強い違法薬物とされています。現在国内では、薬理成分をほとんど含まない品種が、厳しい管理の下で栽培されています。栽培の厳しさと生産者の高齢化もあり、麻栽培農家は全国で三十軒ほどとその伝承は風前の灯となりつつあります。精麻の生産が追いつかないこともあるのでしょうか。どうしても高価になってしまうため、ビニール製品で代用している神社もあるのは寂しいことです。

さて、綿は八世紀末に伝来し栽培が始まりましたが、それ以前、麻は暮らしの必需品として欠かせないものだったようです。戦前の学校では、栽培方法から使用方法まで教科書に記載されていました。国家的にその栽培を推奨していたのです。

茎の皮から糸を作り、漁網や畳の経糸、上等なものは上布（じょうふ・上等な麻布）や麻晒（さらし・白く漂白した麻布）、帆、下駄の鼻緒、草履の裏など様々に使われました。また、茎の芯は紙、建材、燃料などに、根は土壌改良などに使われ、全てを使い尽くしました。麻糸を紡ぐのは、農閑期の女性の仕事です。女性は子孫を「生む」存在だからでしょうか、古来より麻糸を紡ぐことを「績（う）む」と表現したのだとか。

現代では少し遠い存在になってしまいましたが、麻をお飾りにして家にしつらえましたら、麻の艶やかさと清らかさに癒される気がします。

日本人として、大切に伝承していきたい文化のひとつです。

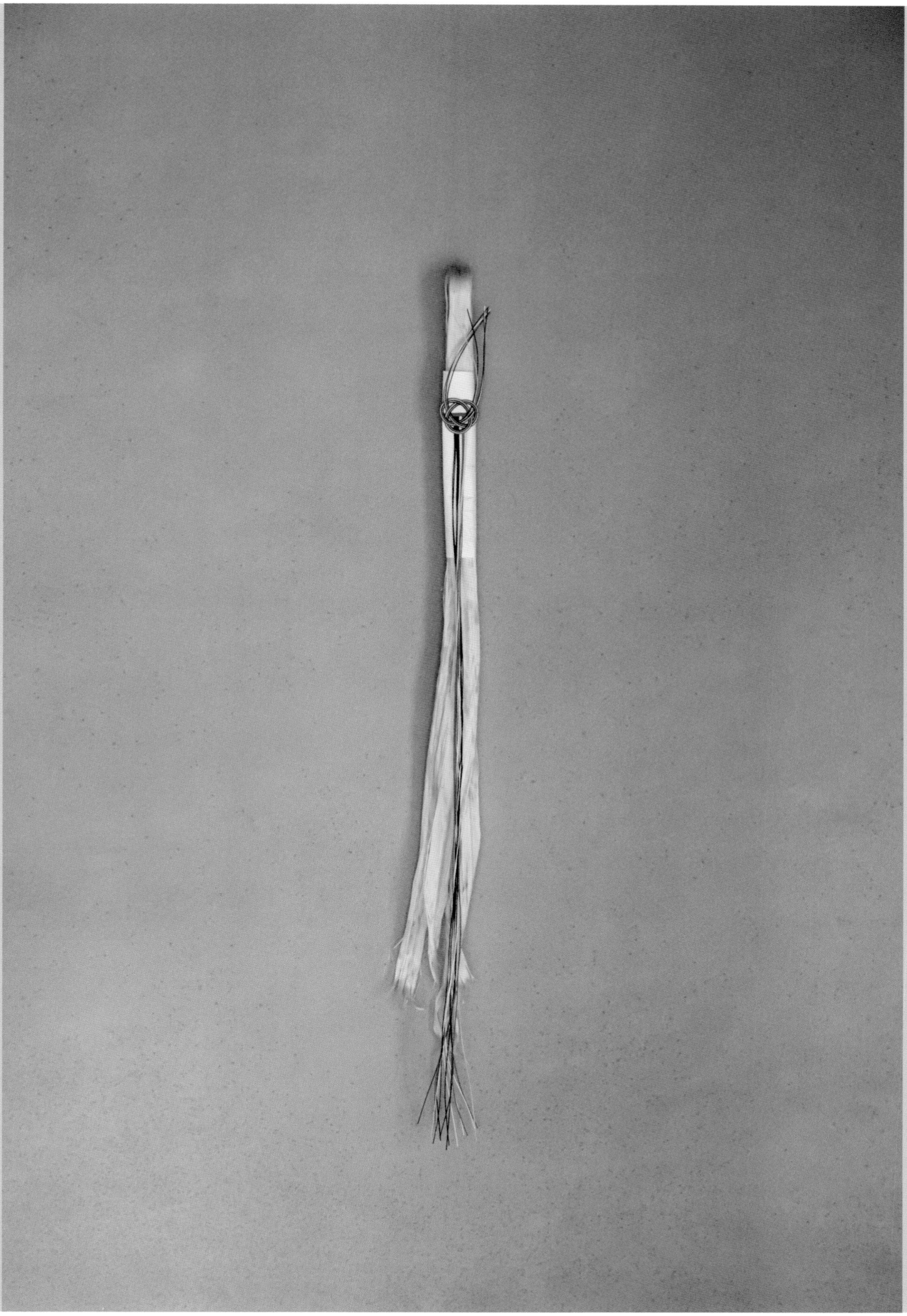

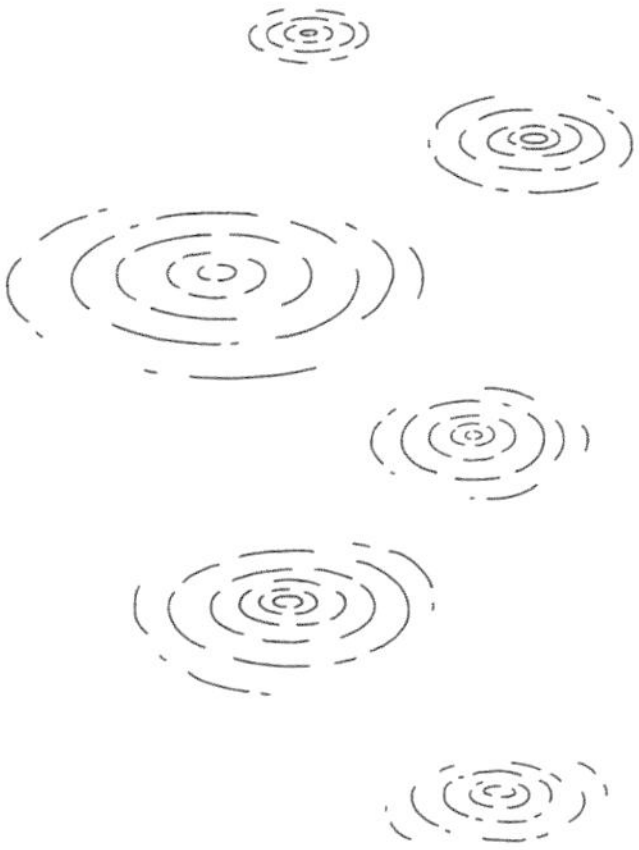

食べるお薬

冷たく侘しさを伴う雨がシトシトと降る晩秋、身体も気持ちもあたたまりたくなります。熱々のおうどんはこの時季のご馳走です。私はゾクっと寒気がすると、おうどんをお薬代わりにいただきます。食し、早々に休むと、翌朝には元気になっているのです。

身体をあたためる食材の他にも、生姜や七味唐辛子、豆板醤など、身体をあたためてくれる薬味を加えるなど、私たちは無意識の内に養生する工夫をしています。季節の移り変わりに寄り添う食事をいただく、丁寧な暮らしは、健やかな和みをもたらしてくれることでしょう。

味噌煮込みうどん

2人分

白菜…3枚
ねぎ…1本
油揚げ…1〜2枚
しいたけ…2個
えび…4尾
鶏もも肉…100g
卵…1〜2個
生うどん…1〜2玉
だし…6カップ（かつお節…50g　昆布…10g　水…6カップ）
*7ページだしの引き方を参考に、ここでは濃いめに

A
赤（八丁）味噌…120g
白味噌…60g
みりん・ザラメ糖…各大さじ1
粉かつお節…大さじ2

揚げ油…適量

天ぷら衣
小麦粉…大さじ1
片栗粉…小さじ1
炭酸水…大さじ2

1 白菜は細切り、ねぎは、斜め薄切りにする。油揚げは半分に切る。
2 しいたけは軸をまわして取り、傘に飾り切りをする。
3 えびは殻をむき、背ワタを取り除く。鶏もも肉は、ひと口サイズに薄めの削ぎ切りにする。
4 Aを合わせ、だし少々を加えて混ぜ合わせる。
5 えびに打ち粉をし、天ぷら衣をまとわせ180度の油でカラッと揚げる。
6 鍋にだしを入れて沸かし、生うどんを指定時間まで茹でる。茹で上がる時間から7分前に1 2を加え、茹で上がりの3分前に鶏もも肉を加えて火入れする。
*鶏肉は削ぎ切り具合で加熱時間が変わります。火入れしすぎると肉が固くなります。
*材料Aのザラメ糖が無い場合、砂糖で。
7 麺も野菜も柔らかく煮えたら、えびの天ぷらを加え、生卵を落とす。

木守《こも》り柿

柿の木に一つだけ柿の実が付いている風景をみたことはありませんか。

冬に向かう中、食料が少なくなっていく鳥のため、そして「来年も豊作でありますように」と、木に対する感謝も込めて、収穫時に木に実を少しだけ残しておく風習があり、この実を「木守り柿」と呼びます。

この柿を見かけると、ほんわかとあたたかい心持ちになります。動物も植物も人間も大きな自然の中で共に生きています。同じ仲間として恵みを分け合う謙虚さや、頂戴する感謝の気持ちを忘れないようにしたいものです。

柿の白和え　柚子ジャム添え

2人分

柿（もしくは干し柿）…1個
絹ごし豆腐…1/4丁
白練りごま・生クリーム…各小さじ2
天然塩…ひとつまみ
柚子ジャム…少々

1 豆腐をキッチンペーパーで包み、平らなもので重しをして30分ほどおく。
2 水切りをした豆腐をすり鉢でピューレ状にし、白練りごまと生クリーム、天然塩を入れ軽く混ぜ合わせる。
3 厚さ8mmほどの拍子切りにした柿を**2**に加えてよそい、柚子ジャムを添える。

干し柿と発酵バター

2人分

干し柿…2個
有塩発酵バター…適量

1 干し柿のヘタを包丁で切り取る。
2 干し柿を手で揉み、種を取り出し、バターを中に入れ、3等分に輪切りにする。

干し柿とグリーンレーズンのラム酒漬け　チーズに添えて

2人分

干し柿…2個
グリーンレーズン…50g
ラム酒…100mℓ
クリームチーズ…適量

1 干し柿はヘタと種を取り除き、1cmの輪切りにする。
2 チャック式ポリ袋に柿とレーズン、ラム酒を入れ1日以上おく。クリームチーズと共に盛る。

柿と甘酒・オ・レ

2人分

柿（やわらかめ）…1個
甘酒（甘糀）…200mℓ
豆乳…200mℓ

1 柿は皮をむき、種を取り除き、ひと口サイズに切る。ブレンダーでピューレにする。
2 器に注ぎ甘酒と豆乳を注ぐ。

秋の夜長

長月、秋分を過ぎると昼よりも夜の時間が長くなり、秋の深まりを感じるようになります。

暑かった日々も遥か彼方、過ごしやすい季節到来です。運動や芸術に親しんだり、読書をしたり、独り静かに過ごす時間を充実させたくなります。

秋高馬肥《しゅうこうばひ》という言葉どおり、爽やかで心地よい秋は、四季の中でも最も食欲が増進する時季です。そんな秋の夜、おやつをお供にゆるりと過ごすのもよいものですね。

ナッツや胡麻の岩おこし風と焼カマンベール

4人分

カマンベール…ミニサイズ4個
グラニュー糖、蜂蜜…各大さじ2
黒ごま、かぼちゃの種、クコの実など…合計80g

1 ごま、カボチャの種は良い香りがするまで軽く炒る。
2 鍋にグラニュー糖と蜂蜜を入れて加熱して溶かす。
3 黒ごま、かぼちゃの種、クコの実を加え、ゆすりながら全体に蜜を絡める。
4 3をクッキングシートに薄くのばすように広げ、冷蔵庫で1時間程度冷やす。
5 カマンベールのミニサイズを魚焼きグリルもしくはコートされたフライパンで約8分焼いてあたためる。皿にのせ、4を手で割りチーズに添える。

ホットワイン

4人分

赤ワイン…1ℓ
シナモン…1本
グローブ…8粒
八角…¼個
レーズン…大さじ4
オレンジ…1個
グラニュー糖…大さじ2

1 鍋に材料の全てを入れる。沸騰直前まで加熱し、火を弱めてとろ火で20分ほど加熱する。

＊ドイツやオーストリアでは「グリューワイン」、フランスでは「ヴァン・ショー」と中世の時代から親しまれてきたワインと香辛料などをあたためて作るホットカクテル。ホットワインは日本での通称。

秋の小皿

暑さが落ち着くと再び旬を迎えるイワシ、きのこのマリネは保存性が高く、作り置きは重宝します。甘いさつま芋をごまと合わせると、無限に食べれそう…季節の移り変わりと共に、滋味が深まる実りの時季です。

イワシのつみれ

イワシ(頭と骨なし)…200g
酒…大さじ1
A 白だししょうゆ…大さじ1
卵白…1個分
B ねぎ…50g
しょうが…30g
揚げ油…適量
七味塩(天然塩に七味を混ぜる)…適量

1 イワシは、手で頭と骨を取り除き、**A**を加えてブレンダーでペーストにする。
2 みじん切りにした**B**を加えて混ぜ、スプーンで成形して、170度の油で揚げる。

*たっぷりのしょうがを加えるので味はついていますが、好みで七味など添えて。

秋の果物とベーコンのサラダ

いちじく
ベーコン
サラダ水菜
ベビーリーフ
オリーブオイル
岩塩
…各適量

1 ベーコン、いちじく、サラダ水菜、ベビーリーフは食べやすい大きさに切る。
2 ベーコンは弱火のフライパンでじっくりと焼く。
3 1 2にオリーブオイルを回しかけて馴染ませ、器によそう。岩塩をぱらりとふる。

さつま芋と白ごまのかき揚げ

さつま芋…1本（250g）
白ごま…大さじ4
天ぷら粉
　小麦粉…大さじ3
　片栗粉…大さじ1
　炭酸水…100cc
揚げ油…適量
塩…少々

1 さつま芋は1cm角の拍子切りにする。
2 天ぷら粉を合わせ、上に白ごまをのせる。スプーンですくい、180度の油に落として揚げる。油を切り、好みで塩少々をふる。

きのこのマリネ

きのこ（しいたけ・しめじ・えのき）…合計500gくらい
A
　にんにく（みじん切り）…小さじ1/2
　オリーブオイル…大さじ3
　塩…小さじ1
マリネ液
　玉ねぎのみじん切り…1/4個
　パセリのみじん切り…大さじ2
　サラダ油・米酢…各100cc
　赤唐辛子…1本

1 しいたけは石づきを取り、太めのせん切りにする。ほかは手で小房に分ける。
2 フライパンで1とAを中火で万遍なく炒め、水気を飛ばし味を凝縮させる。
3 チャック式ポリ袋にマリネ液と2を入れて極力空気を抜き冷蔵庫で1日以上おく。

からすみポテト

じゃがいも
きゅうり
マヨネーズ
からすみパウダー
天然塩
…各適量

1 キュウリは3mm厚の輪切りにし、塩少々をふりかけて暫くおき水気を絞る。
2 じゃがいもはひと口サイズに切り、1%の塩を加えた水で柔らかく茹でて水気を切る。
3 キュウリ、マヨネーズ適量を和えて器に盛る。からすみ（市販品）を振りかける。

音《ね》

音に対しての感覚は、民族により随分と違うようです。日本人の感覚は極めて独特のようで、さまざまな自然を愛おしみ、美しく受け止めて表現します。

秋に咲く花「萩」は万葉人に最も愛された花です。夕方の萩は、楚々とした美しさで、少し物悲しい風情を漂わせ、見る人の心に哀愁をもたらします。萩の下で松虫が姿も見せずにチンチロリン♪とほんのり鳴く…「嗚呼、泣いている」と、日本人はこういう風情も好んできました。ただの「虫の音」を「虫の声」↓「虫がおしゃべりしている」と、虫にも人格を持たせて愛しみます。

音のない風のそよぎを「風のささやき」。どこからともなく伝わってきた噂は、風が運ぶ「風の便り」。雪の上を歩くときに鳴る雪の踏み音を、雪が鳴く「鳴き雪」。さまざまな現象を擬人化して表します。こうした自然現象を繊細に受け止める感覚が、文化となりました。

秋の夜長、月を眺めながら虫の音と酒を愉しむ…豊かな自然を前に、日本に生まれた幸せに感謝したくなります。

静寂が徐々に増すにつれ、冬の足音が聞こえてきます。

秋のフラワーアレンジメント（ワレモコウ・モントブレチア・紅葉のナツハゼ）

冬

Winter

冬《ふゆ》立《た》ち
寒風《かんぷう》、冬《ふゆ》ざれ、冬将軍《ふゆしょうぐん》
霜《しも》降《ふ》り青物《あおもの》甘味《かんみ》増《ま》し
魚獣《さかなけもの》脂《あぶら》蓄《たくわ》える
滋味《じみ》益々《ますます》豊《ゆた》かになりにけり
摘水成氷《てきすいせいひょう》、雪花《せっか》の舞《まい》
然《しか》るべき芽吹《めぶ》き、下待《したま》つ

蒸す

温泉の蒸気で蒸したものを「地獄蒸し」と呼んだりします。硫黄の効果でしょうか、別物のように美味しくなるので、初めての時はとてもびっくりしました。

　ということは、蒸気に香りや味があれば、蒸すだけのお料理も何か変わるのかしら…という次第で、3段調理に挑戦しましたら、忙しい日には大助かりのあたたかいご馳走になりました。

　ワタリガニは身がぎっしりと詰まった、私の地元（愛知）で出回るお値打ちなものをいただきます。

冬のせいろ蒸し　ごま酢だれ

2人分

カニ（ワタリガニ）…2杯
アサリ（砂出し済）…大6個
昆布…1枚
白菜…4枚
小松菜…1束
ブロッコリー…1/2本
じゃがいも…2個
にんじん…1/2本
小かぶ…2個
ラディッシュ…適量

A
水…1.5ℓ
鶏モモ挽き肉…30g
ご飯…1膳分
無添加鶏ガラスープの素…小さじ1
天然塩…小さじ1/4

にんにく（みじん切り）…1片
しょうが（みじん切り）…20g
卵…2個
三つ葉・柚子…少々

ごま酢だれ
酢・濃口しょうゆ…各1/2カップ
半ずり白ごま…大さじ5
しょうが絞り汁…大さじ1
粉かつお…大さじ1

1 一段目を用意する。昆布は表面を拭き、底に敷く。カニは前かけ（裏面下部の三角）を外し綺麗に洗いセイロに入れる。余ったスペースにアサリを入れる。

2 二段目を用意する。白菜、小松菜は、5cm幅に、ブロッコリーはひと口サイズに切る。じゃがいもは皮をむき、1cm巾の薄めに切る。にんじんも同様に切る。小かぶは皮をむき、縦に1/2から1/4に切る。ラディッシュは頭から切込みを入れ、火が通りやすくする。

*加熱時間が一緒でも、万遍なく熱が入り全ての材料が柔らかくなるように、切り方に配慮する。

3 セイロ下鍋を用意する。鍋にA、にんにくとしょうがを入れ、混ぜてからフタをして加熱する。

4 蒸気が上がってきたら、上に1、その上に2を重ね、フタをして15分ほど蒸気が上がっている状態で蒸す。

5 蒸しあがったら、鍋の中の粥に溶き卵をまわし掛け、塩で味をととのえ三つ葉を加える。柚子、ごま酢だれを添える。

*今回使用のセイロ直径22cm。
*材料Aの水は多めですが、セイロ全体に蒸気を回すことと、同時にお粥を調理するために必要な水量になります。

冬の器

あたたかみのある陶器は冬の器とも云われています。寒い冬に、あたたかい食べ物をよりあたたかく食べてもらうために、熱を逃がしにくい深い器を用いる配慮もします。

蓋付の器も、冷めにくいので便利です。

器の蓋をあけると湯気と香りがふわっと立つ光景に、誰もが心和むことでしょう。

ホタテと白菜とちぢみほうれん草の餡かけ

2人分

干しホタテ（ホタテの缶詰など）…8個
白菜…4枚
ちぢみほうれん草…1束
A 干しホタテ戻し汁…1 1/2カップ
　淡口しょうゆ…大さじ1強
　みりん…大さじ2
　酒…大さじ1
水溶き片栗粉…大さじ1

1. 干しホタテは、ひと晩水に浸して戻す。戻し汁のうち1 1/2カップを取っておく。
2. ほうれん草はサッと茹でてから4cmに切り、白菜もサッと茹でて食べやすい大きさに切る。水気を手で軽く絞る。
3. 器に2と戻したホタテを盛り蓋をし、蒸気の上がった蒸し器で12分加熱する。

＊器に蓋が無い場合、ラップで代用する。

4. 小鍋でAを沸騰させ、水溶き片栗粉を加えてトロミをつける。蒸しあがった3にかける。

＊好みで柚子こしょうを添えても。

マメ

豆とは、豆科植物の種子。大豆、いんげん豆、小豆、落花生、黒豆など色々とありますが、慣用句としても数多く使われる言葉です。

「マメな人」…よく勤め、よく働く人。実際に役に立つ人。

「マメ男」…手間のかかることを積極的にできる男性。毎日恋文を送るなど。

「マメに暮らす」…元気に暮らすこと。

「マメマメしく暮らす」…かげひなたなくよく努める暮らし。かいがいしく働く暮らし。

さて、豆は抗酸化作用も豊富で、アンチエイジングにも良いようです。栄養のあるお豆を食べていれば、生涯現役で過ごすことも夢ではないかもしれませんね。

お豆のスープ

2人分

白いんげん豆(乾燥)…100g
水…2 1/2カップ(手順3)3カップ(手順7)
バター…10g
豚肩ロース…70g
塩糀…小さじ1/2

A
キャベツ…100g
玉ねぎ…100g
にんじん…50g

B
塩…小さじ1/4
無添加ブイヨン…2g
パセリの軸・セロリの葉…適量

オリーブオイル・白こしょう…各適量

1. 白いんげん豆は綺麗に洗い、水1 1/2カップ(分量外)と3g(1%)の塩(分量外)を合わせてひと晩おく。
2. 1の水は捨て、豆を軽く洗い水気を切る。
3. 鍋に、水2 1/2カップと豆を入れ、中火にかけ、沸騰したら20分ほど煮る。
4. Aは1.5cm角程度に切る。
5. 豚肩ロースは野菜に合わせた大きさに切り、塩糀を馴染ませておく。
6. 鍋にバターを溶かしAを加え、木べらを使い万遍なく炒める。野菜の甘い香りが立ってきたら5を加えて火入れする。
7. 6に3を煮汁ごとと、水3カップとBを加え、弱火で12分ほど煮る。
8. 器に盛り、オリーブオイルを回しかけ白こしょうをふる。

乾燥対策

ひどく乾燥するこの時季、肌だけではなく、身体の内側まで乾燥するのだとか。乾燥対策と云えば、水分補給や化粧水が思い当たりますが、油分を摂取することも重要です。

油分を適量摂取することで表面（表皮）だけではなく、身体の中から潤い、便通が改善されたり、ハンドクリームも少量で足りるようになります。

油分がある食材のひとつにお肉がありますが、煮込んで調理すれば、身体はあたたまり油分も摂取できますので、冬の養生にお勧めです。

牛すね肉の赤ワイン煮込み

6人分

牛すね肉…800g
塩糀…大さじ1
赤ワイン…1カップ
玉ねぎ大…1個
にんじん…1本
にんにく…2片
小麦粉…大さじ1
サラダ油…適量

A 赤ワイン…1 1/2カップ
フォン・ド・ヴォー…2カップ
ローリエ…1枚
パセリの茎・タイム…各4本程

1 牛すね肉はフォークで全体に穴を開ける。塩糀を馴染ませて赤ワイン1カップに浸し、20分以上おく。

2 玉ねぎは6等分にくし切りし、にんじんはひと口大の乱切りにする。

3 圧力鍋に油を引き、1と丸ごとのにんにくを加え、表面がカリッとするまで火入れし、小麦粉をパラパラと振り、馴染ませる。

4 圧力鍋に2とAを加え、高圧で15分加熱する。

5 圧が下がったら肉を別皿に取り、ソースにトロミが出るまで煮詰める。

＊煮崩れ防止のために肉を一旦、取り出す。

6 5に肉を戻してあたためる。器によそい、クリームポテトを添え、タイムをあしらう。

＊圧力鍋を使用した場合のレシピです。圧力鍋を使わない場合、手順3の後、玉ねぎ、にんじん、ヒタヒタの水（都度追加し、常にヒタヒタになるように）、ローリエ、ハーブなどを加え、1時間半ほど中火で加熱する。肉が柔らかく煮えたらAを加え、更に30分ほど鍋の蓋を外してコトコトと弱火で煮詰める。焦げに注意。

＊フォン・ド・ヴォーはハインツ社のものを使用。

クリームポテト

6人分

じゃがいも中…2個
水…1 1/2カップ
生クリーム（乳脂肪分35%）…約大さじ5
パセリ（みじん切り）…適量
塩…少々（じゃがいものゆで汁に1%加える）

1 じゃがいもは皮をむき、1cmの厚さに切り、水と塩を加えて水から茹でる。箸をさし、ほろりと崩れる程度まで柔らかくなったら、ザルにあげてボウルに移す。

2 じゃがいもを潰し、生クリームを馴染ませて固さを調整し、パセリを散らす。

うなぎ

うなぎの旬は冬。夏のうなぎは、さっぱりとしているのに対し、冬のうなぎは脂がのってふっくらとしているのが特徴です。

うなぎでさえも、人間の体調に合わせるかのように、時季に応じて食べやすく変化する… 人間は自然にもっと感謝しなければいけませんね。

さて、うなぎの生態は謎とされていて、河川や湖で成長し、熱帯の深海で産卵するようです。ある程度大きく成長したら川に戻り、数年間を過ごすのだとか。

大冒険の生涯です。小動物から大きな動物の死肉まで、貪欲に食べる食性を備えた肉食魚でもあります。私たちはそのうなぎを食し、元気になれるのです。やはり感謝感謝です。

うなぎのおろし蒸し

2人分

うなぎの白焼き（もしくは蒲焼）… 1本
小かぶ…4個
大根（かぶでも）… 200g
卵白… $\frac{1}{2}$個分
塩… ひとつまみ
白だしポン酢…適量（7ページ白だしポン酢参照）
しょうが（すりおろし）… 適量

1 大根をおろし、軽く水気を切り、卵白と塩を混ぜ合わせる。

2 うなぎの白焼きは食べやすい大きさに切り、小かぶは皮をむき、器に盛る。上に1をのせて、蒸気の上がった蒸し器で8分蒸す。白だしポン酢を回しかけ、すりおろしたしょうがを添える。

＊セイロで蒸す場合は、1段目と2段目で温度差が出るので、途中で入れ替える。
＊蒸す代わりに、ふんわりとラップをし、レンジ600Wで4分加熱しても。

冬野菜

冬に旬を迎える白菜やほうれん草、大根などは、寒さによる凍結を防ぐために、糖度が高くなり、甘くなります。

自然に賢く対応する野菜たちや、その野菜を上手に育てる人々には、感服します。

冬野菜を煮炊きすると、あたたかく、消化吸収しやすい、身体に優しいお料理になります。

お煮しめ

4人分

しいたけ…6本
れんこん…200g
にんじん…1本
ごぼう…1本
さやえんどう…6本
A 二番だし…2 1/2カップ（7ページ二番だし参照）
濃口しょうゆ…大さじ1
淡口しょうゆ…大さじ1
みりん…大さじ1
砂糖…小さじ2

揚げ油…適量

1 ごぼうは清潔なスポンジでこすって洗う。ひと口大に乱切りにし、良い香りがするまで170度で素揚げする。
2 れんこんとにんじんは皮をむき、ひと口大の乱切りに、しいたけも同様に切る。
3 さやえんどうはサヤとスジをとりのぞき、サッと茹でておく。
4 鍋に1 2を入れ、Aをヒタヒタになる程度に加え、中火にかける。
5 煮汁が2/3程度になったら残りのAを加え、全てに火が通るように軽く混ぜながら煮詰める。皿に盛り、さやえんどうを彩りよくあしらう。

大根ステーキ

4人分

大根…500g
万能ねぎ…3本
ごま油…大さじ3
淡口しょうゆ…大さじ2

1 大根は2cmの輪切りにする。斜めに隠し包丁を入れる。
2 フライパンに、ごま油を引いて1を入れ、蓋をして弱めの中火で17分焼く。
3 大根を裏返して蓋をし、約10分焦げすぎない様に気をつけて焼き、鍋肌にしょうゆを垂らし、しょうゆの香りも含ませるように全体に馴染ませる。
4 器に盛り、小口切りにしたねぎをのせる。

*好みで七味唐辛子を加えて。
*大根に隠し包丁を入れることで、火の通りが良くなり、しょうゆが絡みやすくなります。

雪

雪は結晶の形から「六花《ろっか》」と美しい呼び名がついています。雪が降ることの苦労は多くありますが、清らかさと柔らかさを感じる「雪が好き」という人も多く、私も雪に心惹かれる一人です。

雪はさまざまに美しく表現されます。雪で辺り一面が真っ白になった景色を色白美人に例えて「雪化粧」。相手に打ち勝ち、前に受けた恥をそそぐ（洗い流す）ことを「雪辱《せつじょく》」。苦労して学問をすることを「蛍雪《けいせつ》」。また、状態により「淡雪」「牡丹雪」「雪花」「雪帽子」などの呼び名でも親しみます。

豪雪地帯では雪の重みで家が潰れることもあるので、雪かきという大変な作業があります。しかし、「雪は豊年の瑞《しるし》」という言葉もあるように、雪が大量に山に積もり、山が大きな水瓶となって、稲作に必用な水を蓄えています。雪の恩恵は多いのです。

十二月小雪の頃、北国ではそろそろ雪が降り出します。雪の降る音は聞こえませんが、絶え間なく降る様子を「こんこん」、ひるがえりながら降る様子を「ちらちら」、軽やかに降る様子は「はらはら」、空中に漂う様子は「ふわり」、そして夜中に降り積もる様子を「しんしん」と表現します。

幼い頃、真っ白に積もった雪を何度か見たことがありますが、陽がさすとキラキラ輝いて、結晶の形も美しく、子ども心に感動したものです。大人になり一通りの苦労らしきものを経験した頃、北国で白銀の世界を目の当たりにした時にはわけもなく涙があふれ、その後スッキリとしたことを覚えています。雪の浄化作用は格別かもしれません。大きな自然に気持ちを寄せていくことで、癒されることもあるのでしょう。

水仙の別名は「雪中花」、文字を目にするだけでも美しさが伝わってきますね。

雪が付く楽しいこと

　鍋に雪を見る「雪見鍋」とはロマンチックな表現ですよね。

　白いものを雪と捉えて「雪見大福」、雪を眺めながら飲む酒は「雪見酒」、食べものではありませんが「雪見風呂」も雪国へ出掛ける際の楽しみです。

　雪が降ると都会では交通が麻痺して大騒ぎですが、〝雪好き〟は確実にいるようです。

雪見鍋

4人分

鶏団子
- 鶏モモ肉…400g
- 塩…少々
- 白だししょうゆ…小さじ1
- 片栗粉…小さじ1
- 卵白…1個分

ムツ…4切れ
牡蠣…大4個
白菜…6枚
菊菜…1束
大根…約1/2本（お好みで）
だし…6カップ（7ページだしの引き方参照）
柚子…適量
白だしポン酢…適量（7ページ白だしポン酢参照）

1. 鶏モモ肉は皮をはずして3cm角に切る。肉団子の材料を全て合わせ、肉片が残る程度にブレンダーにかける。
＊肉片を残すことで、肉感が強くなる。
2. ムツは水で洗い、キッチンペーパーで拭き、骨を取り除く。
3. カキは塩水（分量外）で振り洗いして水気を拭く。
4. 白菜は5cmほどの短冊切りに、大根は鬼おろし器でおろす。
5. だしを鍋に入れ、沸騰したら3を加える。火を弱めて鶏団子をスプーンで楕円に成形して優しく入れる。ムツとカキも加え、弱火で火入れする。
6. すべてに火が通ったら、5cmに切った春菊と、雪が積もったイメージで大根の鬼おろしを加え、柚子や白だしポン酢など好みのタレを添える。

＊鬼おろしは専用のおろし機（写真a）があると便利。

a
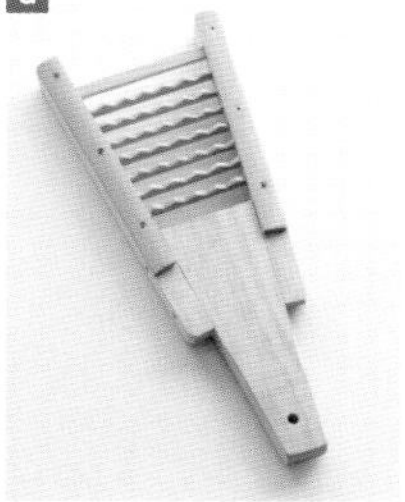

御餅

御正月にいただくお餅は、神様（自然）のお陰で収穫できたお米を、蒸して搗《つ》いて、宇宙（太陽や月）を表す丸い形にすることで霊力が高まる、との考えに由来しています。

その御餅を年の初めにいただき、自身のエネルギーにして一年の幸を祈るのです。

「餅」は「搗《つ》く」ことにも大きな意味があります。元旦にいただくお餅としては役不足ですが、普段から簡単にお餅を楽しむために、おはぎの変形バージョン「うちのお餅」はお勧めです。

黒豆茶

4人分

黒豆…大さじ4
お湯…1カップ

1 黒豆は洗い、ザルにあげて水気を切る。

2 鍋に1を入れ、中火から弱火で木べらで混ぜながらじっくりと加熱する。表皮が割れ、芳ばしい香りがしてきたら火からおろす。

3 ポットに入れ、湯を注ぎ、ポットカバーをして4分蒸らしてお茶にする。

＊出し殻の黒豆は柔らかくなっています。今回はお餅と合わせて使いますが、ほかにサラダやポタージュスープなどのお料理にも、便利に使えます。

うちのお餅 黒豆、桜、昆布

18個分

餅米…3合
黒豆茶の出し殻の黒豆…大さじ4
桜塩漬け…12本
糸昆布…5g

1 餅米は優しく丁寧に洗い、分量の水にしっかりと浸し、炊飯する。炊き上がった餅米は、すり鉢に入れ、麺棒で餅をつくイメージで潰し、3等分に分ける。

2 黒豆餅を作る。1を更に6等分にする。出し殻の黒豆は、皮がむけやすいので扱いに注意しながら、黒豆を餅に添えるイメージで丸く成形する。

＊餅の中に黒豆を混ぜ込むと皮がむけるので気をつけて。

3 桜餅を作る。軽く洗った桜の塩漬を、形の良い6本を残し、ほかはみじん切りにする。1に混ぜて6個に丸く成形し、残しておいた桜の塩漬をあしらう。

4 昆布餅を作る。糸昆布は軽く洗い、ハサミで食べやすい長さに切り、1に混ぜる。6個に丸く成形する。

＊好みで、白だしポン酢やしょうゆ、大根おろしなどを添えて。

地域毎のしょうゆ文化

魚は地域により様々に調理されます。川魚、海魚とありますが、日本では塩やしょうゆを使い調理することがほとんどです。

南北に長い日本の地形は、亜熱帯から亜寒帯まで地域によって気候に大きな違いがあり、獲れる魚の種類も変わります、そのせいか、しょうゆの味にも地域差がかなりあるのです。

瀬戸内では白身魚に合う優しい風味のしょうゆ、九州では甘味のあるしょうゆ、愛知では白だししょうゆや、たまりしょうゆなど… ほかにも種類豊富です。旨みをアップさせ、食欲増進効果を持つしょうゆは、長期間腐らず、消臭、静菌効果も期待できる優秀な発酵食品です。

さて、冬のブリは脂がのり、特に美味しくいただけます。濃口しょうゆが青魚を、より美味しい照り焼きにしてくれます。

寒ブリの照り焼き
濃口しょうゆを使って

2人分

ブリ… 4切れ
塩… 小さじ1
小麦粉… 適量
サラダ油… 小さじ1
A 濃口しょうゆ… 大さじ4
酒… 大さじ4
みりん… 大さじ4
砂糖… 大さじ2

1 ブリは塩を馴染ませて20分ほどおいておく。表面にでてきた水分はキッチンペーパーで拭く。
2 表面に小麦粉を薄くまぶし、油を引いたフライパンで、皮目を7割方火入れしたら裏返し、3割中火で火入れする。
3 ブリを別皿にとっておき、フライパンにAを入れて少し煮詰めたらブリをフライパンに戻して馴染ませる。

*菊菜を敷いて。

おひたし

2人分

小松菜… 1束
だし… 1カップ（7ページだしの引き方参照）
淡口しょうゆ… 少々

1 小松菜は茎と葉を切り分け、茎から茹で、柔らかくなってきたら葉を加えて茹でる。
2 茹で上がったら冷水にさらし、手でぎゅっと水を絞り、だしに15分ほど浸しておく。
3 器によそい、好みで淡口しょうゆをかける。

しょうゆの種類

濃口… 流通量8割を占める万能なしょうゆ、赤色、風味、旨みのバランスがよい。
淡口… 色や香り控えめ、素材の味を生かしやすい、塩分高め、熟成期間が濃口より短い。
たまり… 濃い紫色・独特な香り、濃厚な旨み、熟成期間2~3年。
再仕込み… 濃厚な味、熟成期間と材料が濃口の2倍。
白… 琥珀色、味は淡泊、旨み控えめ、素材の味を生かしやすい。

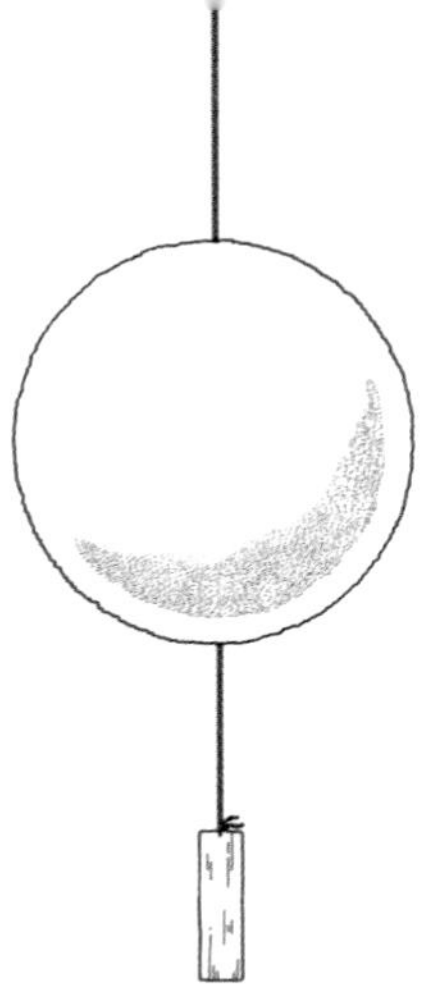

酒造り

酒は秋に収穫した米を使い、お酒の発酵に丁度良い気温となる冬に、仕込まれます。そして春に近づく頃、新酒が出来上がります。

新酒が出来上がる二〜三月頃、酒蔵では「新酒ができましたよ」という目印に、杉玉が飾られますが、元々は、「良いお酒ができますように」との願掛けに杉玉を飾ったようです。杉玉を見かけると神聖な気持ちに包まれます。

酒粕はお酒の搾りかすですが、美味しいお酒の酒粕は甘味があり、そのままパクパク食べられるほどです。好みの酒蔵で良質の粕を選ぶのも粕汁を美味しく作るポイントのひとつです。

＊私は、純米大吟醸の酒粕（清酒白老 澤田酒造）が気に入っています。

粕汁

4人分

こんにゃく…1/3枚

A
にんじん…1/2本（100g）
ごぼう…2本（100g）
大根…1/5本（100g）
れんこん…1/2本（100g）

だし…4カップ（7ページだしの引き方参照）
酒粕…75g
味噌…75g
淡口しょうゆ…大さじ1
セリ…1/2束
七味唐辛子…適量

1 だしを引く（7ページ二番だし参照）。
＊野菜からだしが出るので、ここでは薄めのだしが適当。

2 こんにゃくは、沸騰した湯で3分ほど煮て、アクを取り除き、ザルにあげて水気を切る。

3 Aと2は約1cm角に細かくに切り、セリは1cmに切っておく。

4 鍋に、1 2 3と汁でゆるくさせた酒粕、しょうゆを加え、弱めの中火で20分、蓋を外してふつふつさせながら柔らかくなるまで煮る。
＊蓋を外して煮込むことで、酒粕のアルコールが飛びやすくなる。酒粕の苦手な方には、ここでしっかりとアルコールを飛ばすこと。

5 鍋の汁少々を味噌に加えて溶かし、4に加える。セリを散らし、七味唐辛子をふる。

再生

りんごの木は冬になると枯れたように見えますが、春になると芽吹き、秋になると毎年多くの実をつけます。

ドイツ人にとってりんごの木は、身近にある「再生を約束する存在」であり、赤い実は蝋燭の灯／太陽／新たに誕生した聖なる光の象徴として、クリスマスにりんごを飾るようになったのだとか。

挫折することのある人生であっても何度も何度も再生し、りんごの木のように美味しい実をつけられるように頑張りたくなります。

りんごの ゴロッとケーキ

2人分

りんご…1〜2個（大きさによる）
卵…2個
レモン…半個
A
グラニュー糖…50g
サラダ油…50
ヨーグルト…50g
B
薄力粉…60g
無添加ベーキングパウダー…小さじ1/2

1 オーブンは190度にセットする。
2 レモンの皮はすりおろし、果汁を絞る。
3 りんごは8等分に切り、厚めのいちょう切りにする。レモン汁とグラニュー糖半分を馴染ませる。
4 ボウルに卵を割りほぐし、Aとレモン皮すりおろし少々を合わせる。Bをふるい入れ、3を加えてざっくりと混ぜる。
5 天板にクッキングシートを敷き4を流し入れ、オーブンで25分ほど焼く。

＊元々焼けるのに時間のかかる水分が多い菓子。薄めに広げて焼くと比較的早く焼けます。

ほっと焙じ茶・ラ・テ

2杯分

焙じ茶…10〜15g
A
低脂肪牛乳…1 1/2カップ
水…1/2カップ
グラニュー糖…小さじ2

1 焙じ茶を小鍋に入れ、弱火でかき混ぜながら良い香りが立つまで加熱する。
2 Aを加え、沸騰しない様に気をつけながら3分煮出す。
3 茶こしで茶ガラを漉しながらカップに注ぐ。

＊濃厚な牛乳より、さっぱりとした牛乳の方が、焙じ茶に合います。調整豆乳でも。

冬の小皿

寒さゆえ、山海の幸は脂がのり、旨みが凝縮され美味しい物がたくさん出回ります。海のミルクと呼ばれるカキ。ねっとりとした里芋は少しお腹に入れると満腹感が出ます。緑黄色野菜の摂取によいブロッコリー。薬膳では冬により良いとされる黒豆。包み焼きは、忙しい時には大助かりのお料理です。

ブロッコリーのスープ

ブロッコリー…1玉(300g)

A
- 玉ねぎ薄切り…1/8個(50g)
- 鶏ガラスープ…3カップ
- 塩…小さじ1/4

B
- 牛乳…1/4カップ
- 生クリーム…大さじ2
- 西京味噌…小さじ1

1 ブロッコリーは小房に切り分けAと鍋で柔らかくなるまで12分煮る。

2 1をブレンダーにかけてペーストにし、Bを加え沸騰させない程度に温める。

＊隠し味に西京味噌を少し加えると味に深みが出ます。ブロッコリーは身の引き締まったものが良質。

黒豆とマスカルポーネ

黒豆煮…適量
マスカルポーネ…適量

1 黒豆煮（市販品でも可）と、マスカルポーネを器によそう。

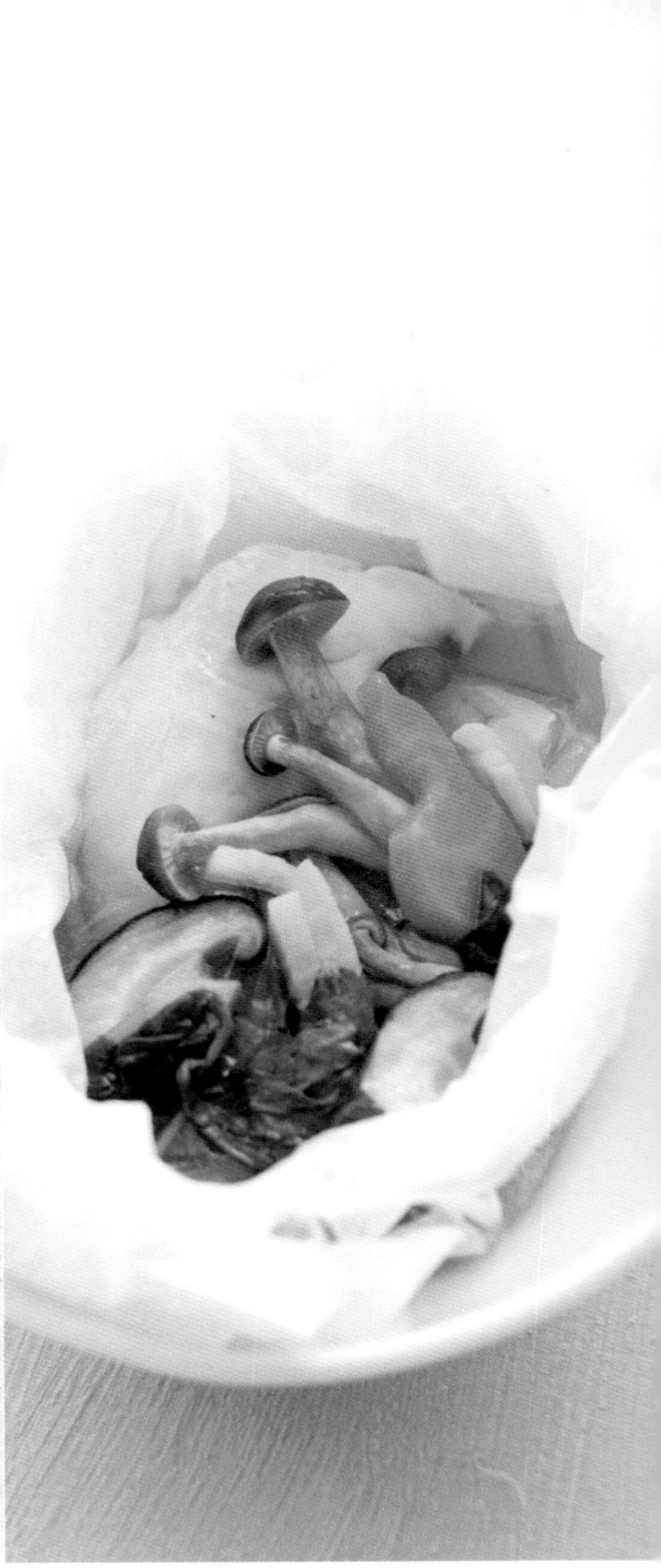

白身魚の包み焼き

白身魚…2切れ
A
　玉ねぎ薄切り…適量
　しめじ…適量
　三つ葉…適量
白だししょうゆ…大さじ5
（味は濃いめの澄まし汁程度）

1. アルミ箔の上にクッキングシートを敷き、サッと洗い水気を拭いた白身魚とAをのせ、白だししょうゆをかけシートとさらにアルミ箔で包む。
2. 蒸し器で15分蒸し、アルミ箔を外して、器によそう。

*素材から出たスープまで楽しめるので、スプーンを添える。好みで柚子を添える。

カキのオイル漬け

カキ加熱用…250g
にんにく（みじん切り）…1片
オイスターソース…大さじ1
ローリエ…1枚
サラダ油…適量

1. カキは水を張ったボウルに入れて振り洗いし、水気をしっかりと優しく拭く。
2. フライパンにたっぷりの油を引き、にんにくとカキを加熱する。ぷっくりとしてきたらひっくり返し、ヒダの部分にもしっかりと火入れする。
3. オイスターソースを加えて絡め、器に入れる。油をヒタヒタに注ぎ、ひと晩以上漬ける。

里芋と塩吹き昆布

里芋大…3個
塩吹き昆布（ハサミで細かく切る）…5g
白煎りごま…大さじ1

*吹きこぼれに注意
*冷凍里芋をチンしても。

1. 里芋は綺麗に洗い、皮をむき、ひと口サイズに切る。
2. 鍋にヒタヒタになるまで水を入れ、里芋を加え柔らかくなるまで茹でる。
3. 茹で上がったら水気を切り、麺棒で軽く潰し、塩吹き昆布と白煎りごまをザックリと合わせて団子にし、上に白煎りごまを散らす。

大寒

一月下旬から二月にかけて寒さはピークを迎えます。セーターやコート、ブーツや帽子と、いかにも暖かそうな衣服に身を包み、寒さ対策のお洒落を楽しみつつ、冴ゆる風に吹かれながら颯爽と歩きたいものです。

この頃、空気はますます澄み渡り、「澄明感に包まれる」と表現したくなります。冬の季語「冴《さ》ゆる」とは、寒さが極まり澄んで透きとおるような凛《りん》とした空気感を指します。

「月冴《さ》ゆる」、「星冴《さ》ゆる」、「闇であっても冴《さ》ゆる」

静かにキラキラと光り輝く、冬ならではの夜空を見ては、「凛《りん》とする」の意味を教えてもらいます。

「冬の曙」は一年の中で最も美しいように思います。夜明け前は最も冷え込むからこその景色なのでしょうか。グレーがかった空気に朝日の赤が合わさって、ロマンチックな紫色に染まる瞬間は、冬ならではの「冴《さ》ゆる」光景です。

未明からの仕入れ業務で出会う冬の明け方の景色は、自然がご褒美を下さっているようで癒されるひと時です。

初冬の頃、あたたかく穏やかな日のことを「小春日和」と云いますが、「小夏日和」も「小秋日和」「小冬日和」も無いのですから、春はやはり憧れの季節なのでしょう。冬至を過ぎると昼の時間が少しずつ長くなり、立春に向け陽射しは徐々に明るさを増します。春まであともう少し。

冬のフラワーアレンジメント
（オンシジュームスノーホワイト・五葉松・梅枝）

彩鳳舞丹霄

教室沙和花を始めて十八年。まだまだ未熟ではありますが、教室で仲間たちと「季節と花、食のこと」「日本の文化」「仲間たちとの関わり」など、多くのことを学び、喜びを分かち合ってこられたように感じています。お付き合い下さり深く深く感謝しています。

思い返してみますと、「あの大笑いをした時は雨天でしたのに、窓から見えた苔がそれはそれは美しかった」「秋のつるべ落とし、生け込みをしていたら虫が鳴き始めた」「皆とあんみつを頂戴した日は炎暑だった」など、様々な記憶の背景が、美しい自然に彩られていることに気がつきます。

この本をまとめていて、日本の気候風土にもっと寄り添い、生き物のひとつとしてもう少し謙虚に、与えて下さるものに感謝して暮らすことは、幸福感が増すのだと改めて感じました。喜びをたくさん知っている脳は、福をたくさん呼んでくれることを期待して、これからも、喜びを分かち合える生き方をして参りたく存じます。

最後までお読み下さり感謝申し上げます。皆様、くれぐれもご自愛下さいませ。

沙和花拝

御礼

沙和花　Sawaka

一般社団法人 季の文化伝承協会　理事

2006年より季節の料理と花を通し、和みや豊かさをもたらす暮らし方、伝統的文化の継承や普及を目的に活動している。教室「沙和花」のほか、講演、企業へのレシピ提案、「中日新聞社・冊子レインボー」などメディアへの掲載・寄稿も多数。
著書「日本の行事食」は、料理本のアカデミー賞と称されるグルマン・アワーズ2018おもてなし部門第1位。著書「にっぽんの子ども食」は、同賞2020デザイン部門第1位。両本共にグルマン25周年BEST of the BEST受賞。グルマンサミット2019、アワーズ2021 les Cordeliers in Parisなど参加。また、パリ・ユネスコ本部やストックホルム・ノーベル博物館でのブックフェアーにて紹介される。

にっぽんの四季食
季節の豊かさを味わうレシピ

発行日　2023年10月6日　初版発行

著　者　沙和花《さわか》
発行人　早嶋　茂
制作者　井上久尚
発行所　株式会社旭屋出版
〒160-0005　東京都新宿区愛住町２３－２
ベルックス新宿ビルⅡ　６階
郵便振替　00150-1-19572
電話　03-5369-6423（販売）
03-5369-6422（広告）
03-5369-6424（編集）
FAX　03-5369-6431（販売）

旭屋出版ホームページ　https://asahiya-jp.com
印刷・製本　株式会社シナノ

※定価はカバーにあります。
※許可なく転載・複写ならびにWeb上での使用を禁じます。
※落丁本、乱丁本はお取り替えします。

ISBN978-4-7511-1508-4 C2077

協力
登録有形文化財喜楽亭（愛知県豊田市　P3.41.75.109.140.143）
芦屋貴兆陶家
Studio1156 - スタジオイイコロ
Sahan サハン
波佐見焼 一真窯
ban
日々のうつわ製作所　太田優子
HIBINO POTTERY
深山食器店／株式会社深山
ヘレンド日本総代理店／星商事株式会社
マイセン／ジーケージャパンエージェンシー

Special Thanks to:
宗信 sousinn ／ 宗令 sourei

STAFF
撮影　後藤弘行（旭屋出版）
イラスト　高橋杏里
AD・デザイン　久保多佳子（haruharu）
校正　石井敬之
企画・編集　haruharu